2016
政策热点面对面

辛向阳等◎著

中国言实出版社

图书在版编目（CIP）数据

2016 政策热点面对面 / 辛向阳等著. –– 北京：中
国言实出版社, 2016.3

ISBN 978–7–5171–1802–2

Ⅰ. ①2⋯ Ⅱ. ①辛⋯ Ⅲ. ①时事政策教育－中国－
学习参考资料 Ⅳ. ①D643

中国版本图书馆 CIP 数据核字（2016）第 048063 号

出　版　人：王昕朋
责任编辑：肖　彭
文字编辑：张德义
责任校对：张　强
封面设计：王立霞

出版发行　中国言实出版社
　　　　　地　　址：北京市朝阳区北苑路 180 号加利大厦 5 号楼 105 室
　　　　　邮　　编：100101
　　　　　编辑部：北京市海淀区北太平庄路甲 1 号
　　　　　邮　　编：100088
　　　　　电　　话：64924853（总编室）64924716（发行部）
　　　　　网　　址：www.zgyscbs.cn
　　　　　E–mail：zgyscbs@263.net

经　　销　新华书店
印　　刷　北京温林源印刷有限公司
版　　次　2016 年 3 月第 1 版　　2016 年 3 月第 1 次印刷
规　　格　710 毫米 ×1000 毫米　　1/16　　13.25 印张
字　　数　158 千字
定　　价　29.00元　　ISBN 978–7–5171–1802–2

CONTENTS

第一章 攻坚的号角：关于"十三五"规划

一、五年规划：引导经济发展的独门利器 ……………… 1

二、"十三五"规划的背景 ……………………………… 4

三、"十三五"发展的灵魂："五大发展理念" ……… 11

四、"十三五"规划的难点 …………………………… 20

第二章 全面建成小康社会：成熟定型的社会

一、服务型政府：公正高效 ………………………… 26

二、开放型经济新体制：合作共赢 ………………… 30

三、创新型国家：占有多席 ………………………… 33

四、新型工农城乡关系：比翼齐飞 ………………… 38

五、两型社会建设：山清水秀 ……………………… 41

六、学习型社会：能力制胜 ………………………… 44

七、三型政党：勇立潮头 …………………………… 48

八、新型城镇化：以人为本 ………………………… 52

第三章　改变生活的新兴产业："互联网+"

一、"互联网+"的相关产业 ……………………… 55

二、"互联网+"还是"+互联网"？ ……………… 64

三、"互联网+"发展中存在的问题 ……………… 66

四、相关措施：促进"互联网+"发展 …………… 69

第四章　希望："大众创业　万众创新"

一、引擎：经济发展新动能 ……………………… 73

二、技术："双创"的灵魂 ………………………… 75

三、正义："双创"的价值 ………………………… 77

四、机会：共享人生出彩 ………………………… 81

五、规则："双创"的护航员 ……………………… 83

六、障碍：扫除"双创"阻力 ……………………… 86

第五章　绘就发展新蓝图："五大发展理念"

一、一场伟大的创新："五大发展理念"的重大意义 … 93

二、创新：驱动发展的内核 ……………………… 96

三、协调：立于一隅谋全局 ……………………… 100

四、绿色：守着青山要银山 ……………………… 104

五、开放：大门永远不关闭 ……………………… 109

六、共享：为民欢喜为民忧 ……………………… 112

第六章　绿色发展：雾霾治理之道

一、中国东部的雾霾：红色预警 ………………… 115

二、众说纷纭：雾霾是如何形成的 ……………… 118

三、病原：大气污染物淤积、工业和超大城市 …… 122

四、出路：工业继续向高端发展 …………………… 126

五、雾霾综合治理：一些路径 ……………………… 128

第七章　"健康中国"：中医药事业的发展

一、"健康中国"："大健康"的理念 ……………… 136

二、屠呦呦的诺贝尔奖：中草药"热" …………… 139

三、中医药：曾经的一场"存废"之争 …………… 143

四、中医药的巨大贡献：新中国成立以来的成就 …… 147

五、激烈竞争：国际医药产业中的"中医药" …… 150

六、未来展望：中医药发展的大方向 …………… 154

第八章　更多获得感：全体人民的共建共享

一、增加公共服务供给：职责与机遇 …………… 159

二、实施脱贫攻坚工程：一场必须胜利的战役 …… 163

三、推进共同富裕：任重道远 …………………… 171

第九章　加强和创新社会治理：建设平安中国

一、国家治理和社会治理：十八大以来的新进展 …… 181

二、国家治理和社会治理：新的挑战 …………… 186

三、社会治安综合治理：一个重点 ……………… 189

四、互联网：国家治理的新领域 ………………… 191

五、维护公共安全：千家万户的期盼 …………… 196

后　记 ……………………………………………… 205

第一章
攻坚的号角：关于"十三五"规划

由于 2016 年是我国"十三五"的开局之年，"十三五"规划理所应当地成为今年大家关注的焦点。实际上，2016—2020 年的 5 年，将是我国进入经济新常态，经济转型发展的关键时期。在这一时期内，能否实现相关的既定目标，保证经济按照预期稳步转型，经济结构逐步升级，将是关系我国经济未来发展格局的关键。本章将围绕"十三五"规划的相关问题，对"十三五"期间我国经济发展的环境、面临的挑战、发展的重点难点等问题进行论述。

一、五年规划：引导经济发展的独门利器

五年规划，全称是《中华人民共和国国民经济和社会发展五年规划纲要》，而"十三五"规划，相应的全称便是《中华人民共和国国民经济和社会发展第十三个五年规划纲要》。五年规划就是以 5 年为一个时间单位，在充分分析未来经济与社会发展所面临的内部和外部环境因素基础上，结合政府对未来的预期和期望，进而对经济社会发展提出相应的原则、目标、发展重点和政策，引导经济与社会达到预期发展目标。需要强调的是，规划在本意

上等同于"计划",二者在英文上均翻译成"Plan";事实上,在"十五"之前,我们均称作"某五"计划,而从"十一五"开始,正式更换为规划。规划和计划实质都是政府对经济予以一定程度干预,但是从内涵上看,规划一词更能体现市场在资源配置中的作用。

五年规划(计划)并非起始于我国,世界上第一个五年计划由前苏联在 20 世纪 20 年代实施。这一个五年计划涵盖的时间段是 1928—1932 年,制定的时间是 1929 年。我国的第一个五年计划始于 1953 年,自此起,除了 1963—1965 年,由于种种原因出现中断外,其余各年均纳入到相应的五年规划(计划)之中。应该说,五年规划(计划)是由社会主义国家首创,并适应社会主义体制的产物,无论在前苏联还是我国,均对社会主义经济和社会建设作出了重要贡献。当然,第二次世界大战后,前苏联在推动经济建设方面所取得的成就,也吸引了许多非社会主义国家借鉴其经验,而五年计划作为经济建设的一个重要推动手段,被许多国家所采用,如印度、韩国等。

估计许多人感兴趣的问题是,五年规划(计划)究竟对经济发展有什么作用?要回答这个问题,我们必须从计划经济和市场经济的各自特点,以及我国社会主义市场经济的运行机制谈起。五年规划,涵盖时间段为 5 年,算是长期计划,在计划经济时代,可以以较长时期的视角对经济发展进行安排,有利于长期经济发展。而在社会主义市场经济时期,五年规划能够充分发挥政府调控的积极作用,对经济发展中的"市场失灵"予以纠正,并通过对经济发展规律的把握,发挥"后发优势",避免发达国家在发展过程中的教训,实现本国经济超常规的快速发展。例如,前苏联在较短时间内就完成工业化,成为当时全球第二工业大国,就与其推行的五年计划有密切关系。而我国在短短 30 多年时间内,一跃成为世界第一工业大国和经济第二强国，背后的原因很复杂，但是五年规划（计划）绝对功不可没。

具体来说，五年规划（计划）的作用可以体现在如下几个方面：一是体现政府调控经济的优势。我们是社会主义国家，集中力量办大事是我们的制度优势，而通过五年规划及其他短期或中长期调控手段，这一优势能够一步步体现在经济发展的进程中。例如，按照经济的自然发展，落后的国家由于缺乏资本、技术等要素，因而经济发展只能围绕发达国家，永远在发达国家后面。但是，我们却可以通过有效的规划，结合资源动员的优势，有计划按步骤地克服现实的弱势，逐步实现对发达国家的反超。举个例子，直到20世纪90年代初，我国汽车工业还处于产能规模小、竞争力弱的局面，但是通过相关规划的持续引导扶持，在短短20多年时间里，我国就成为世界第一汽车产销大国，并将美、日等原来汽车大国远远甩在后面。二是及时根据经济形势的变化，调整经济发展方向和重点。五年规划以5年为期，每一个新的规划在制定前，经济发展形势可能出现较大变化，因而在制定过程中，相关部门依据这些变化，及时调整经济发展重点，并依据现实的问题和挑战，提出相应的对策。这样，就有助于经济的稳定发展，防止经济过分波动。三是国家层面的五年规划通过层层分解，构成覆盖各地方、各领域的规划网络，从而促进各个领域协同发展。我们刚才说的五年规划，主要强调的是国家层面的宏观的五年规划，实际上这个规划还要继续分解到省、市、县及乡镇，从领域上要分解到经济、社会、文化等各个领域。其实，各个地区、各个领域都是以宏观五年规划为核心，构成了一个庞大的规划网，调控各个地区和领域的发展。四是通过重点行业和重点项目的扶持，引导资源向重点领域集中，从而促进经济向预期的方向发展。每个五年规划，都有不同的发展重点，而这些重点行业和重点项目，则体现了政府希望经济发展的方向。例如，七大战略性新兴产业就是"十二五"规划的发展重点，而政府希望通过这些行业的发展，带动我国技术创新能力的提升及产业结构的优化升级。

二、"十三五"规划的背景

首先来讨论一下"十三五"规划的整体经济背景，那就是新常态。新常态是一个从传统经济模式向现代经济发展模式转变的过渡时期，它的主要特征体现为转型时期由注重增长速度的粗放型经济增长方式向注重效率的集约型经济发展方式转变，核心任务在经济方面体现为经济转型及产业升级。要探讨"十三五"规划的背景，我们必须深入了解和把握新常态的涵义及在新常态下经济发展的特点与趋势。

如果展开来进行研究，那么我国"十三五"规划的整体经济背景将会十分复杂，例如，在《2015 政策热点面对面》中我们谈到过的资源能源制约增强、环境约束强化、劳动力数量和结构发生变化之外，还包括其他很多因素。对此进行总结，主要因素包括如下几个方面：

（一）强大经济基础：经过 30 多年发展，经济实力不断增强

改革开放以来，我国经济持续快速增长，经济规模迅速扩张，已经步入世界大国的行列。国内生产总值从 1978 年的 3645 亿元提升到 2014 年的 636463 亿元，36 年增长 174.6 倍，年均名义增长率为 15.4%；扣除物价因素，增长了 27.02 倍，年均增长率为 9.7%（如图 1-1 所示）。从我国经济规模在世界排名看，我国经济逐步攀升，到 2010 年超越日本成为世界第二经济大国，之后继续快速发展，目前稳居世界第二，且与美国差距不断缩小。2013 年我国 GDP 达到 92403 亿美元，占世界比重达到 12.3%；同期美国 GDP 为 168000 亿美元，超出我国 81.8%，不足一倍，而日本为 49015 亿美元，短短几年时间，已经由 GDP 高于我国，降为仅及我国一半左右。

我国工业产能在 2006 年和 2008 年分别超越日本和美国，成为世界第一制造业大国，2009 年我国制造业增加值占全球比重达到 21.22%[1]，已经名副其实地成为"世界工厂"，2014 年工业增加值达到 271392 亿元。主要工业品产量快速增长，多数工业品产量位居世界前列，据统计，至 2012 年底，我国有 220 多种产品在全球排名第一[2]。而服务业整体呈现快速发展趋势，2014 年增加值达到 306739 亿元，扣除物价因素，比 1978 年增长了 37.30 倍，年均增长率高达 10.7%。同时，从 2012 年起，服务业增加值超过第二产业，成为第一大产业，并一直保持到现在。

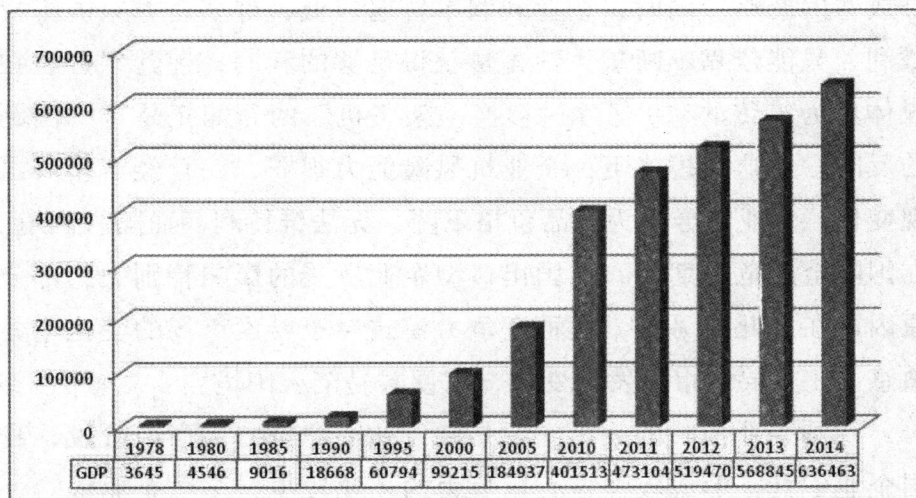

	1978	1980	1985	1990	1995	2000	2005	2010	2011	2012	2013	2014
GDP	3645	4546	9016	18668	60794	99215	184937	401513	473104	519470	568845	636463

图 1-1 1978～2013 部分年度国内生产总值情况（单位：亿元）

数据来源：《中国统计年鉴》（2014），2014 年数据来源于《2014 年国民经济和社会发展统计公报》。

---

[1] 金碚：全球竞争新格局与中国产业发展趋势，《中国工业经济》2012 年第 5 期。

[2] http://news.xinhuanet.com/fortune/2013-03/25/c_115145563.htm，《工信部部长：中国 220 多种工业品产量居全球第一位》，2013 年 3 月 25 日。

（二）急迫的转型压力：传统经济模式缺点突出

虽然在传统经济增长模式下，我国经济取得了突出的成就，但是随着经济发展到当前阶段，经济发展过程中的弊端和问题日益突出，粗放型经济增长模式已经难以为继。在这里我们从以下几个方面进行论述。

一是企业竞争优势来源于低价格，核心竞争力不足。我国的产品尤其是工业品在国际市场上具有很强的竞争力，加入 WTO 后我国出口迅猛增长，背后的基础正是产品所具有的竞争力，有的研究报告甚至认为中国产品竞争力位居世界第一。但是，我国产品的竞争力主要体现为低价格优势，其来源是传统的粗放型经济增长模式下包括低成本劳动力在内的各种低价格要素和对环境污染成本的忽略。同时，企业利润率普遍较低，许多企业只能维持微利，只能依靠不断扩大销售量获得足够的利润，前几年曾经在媒体广为流传的"8 亿件衬衫换一架飞机"的新闻正是这一问题的反映。在这一模式下，企业抗风险能力很弱，一旦经济形势出现变化，企业将会因为产品价格下降，无法维持利润而陷入困境。在国际金融危机期间，我国出口型企业所受的影响特别大，部分原因即在于此。另外，这种竞争力模式对于要素市场的变化十分敏感，一旦要素市场发生变化，它便容易陷入困境。

我国企业面临的突出问题是缺乏核心竞争力。当前阶段，我国企业中真正形成较强核心竞争力的还比较少，多数企业依然处于传统价格竞争力模式阶段或者主要是培养核心竞争力阶段。其实，造成我国核心竞争力缺乏的原因主要是企业普遍缺乏各自领域的核心技术和关键技术，缺乏技术支撑的竞争力往往是比较脆弱的。未来发展阶段，企业必须依托技术创新，慢慢形成核心竞争力，只有做到这一点，我们的企业才具有与国外知名企业相抗衡的实力。

二是投资主导型经济导致消费对经济的拉动作用不足。拉动经济发展的"三驾马车"失衡，很长时间以来一直是制约我国经济长期持续健康发展的主要不利因素，其中表现最为突出的是投资所占比重过大，最终消费率不高。当然，投资作为政府可控的经济调控手段，能够在经济大幅度下滑的情况下保证经济平稳着陆，在一定程度上熨平经济波动；但是，过犹不及。如果长期依赖投资维持经济增长，会扭曲正常的"消费—投资"比例关系，影响经济健康可持续发展。2013年我国最终消费率仅为49.8%，远低于美国等发达国家水平。

造成最终消费率比较低的原因比较复杂。首先是人均收入水平比较低，居民没有那么强的消费能力。改革开放以来，我国农村和城市居民的人均收入增长速度，均低于GDP增长速度，表明相对于经济增长速度，居民收入偏低。虽然最近几年，居民收入尤其是农村居民收入不断提速，但是冰冻三尺非一日之寒，人均收入在短期内难以提高到合理水平。其次是需求与供给的结构性失衡问题，导致消费者需求的产品，国内企业无法生产出来，而企业大量生产的东西，却非消费者所需。大家可能对海外代购并不陌生，新闻中也不断报道国内游客在香港、日本及欧美等国家和地区广泛大量采购的情况，甚至马桶盖都成为抢手货。对此我们不能简单地批评这些游客，而是要深刻反思其背后的深层原因，主要是我国目前的供给和需求之间还存在突出矛盾，消费者对产品和服务品质和差异化的要求越来越高，而企业还停留在提供低成本、标准化产品的阶段。这也是我们现在提出供给侧改革的重要原因。

（三）不断变化的外部环境：影响我国未来经济增长

随着我国融入国际经济体系的程度不断加深，外部环境的变化必然对我国经济带来重要影响。与"十二五"时期相比，我们面临的外部环境，既有类似的地方，也有新的变化。大致来说，有如下几个重要的因素：

一是全球经济形势将不断复苏，但是复苏势头低于预期，整体经济发展速度难以恢复到国际金融危机前的水平。尽管 2007 年发端于美国的国际金融危机已经过去 9 个年头，到目前为止，部分发达国家已经呈现出复苏的态势，但是，整体而言，国际金融危机的影响并未全部消退，全球经济依然受其拖累。未来若干年内全球经济将继续复苏，但是难以回升到金融危机前的平均速度，进入一个低速增长阶段。

在发达国家方面，整体呈现逐步复苏的趋势，预计在"十三五"期间部分国家经济增长率将恢复到较高水平，但是另外部分国家估计难以全面复苏。而世界银行与国际货币基金组织于 2015 年 10 月初联合发布的《2015/2016 年全球监测报告：在人口变化时代实现发展目标》一文中，认为 2015 年全球经济增长率将比 2014 年有所下降，达到 3.1%，这一数据将低于 2012 年的水平。未来几年，估计这一低迷趋势将依然持续，虽然可能会比前两年有所提高，但是依然难以达到危机前的水平。

从不同国家看，发达国家将呈现分野。美国虽是金融危机发端国，但是其经济规模大、产业竞争力强、创新能力突出、市场体系完善，因而能够在较短时间内摆脱负增长的局面。根据国际货币基金组织 2015 年 4 月的预测，2015 年美国经济增长率将达到 3.1%，6 月则下调至 2.5%，尽管如此，这一增长率仍然略高于 2014 年。综合来看，未来美国的经济将继续复苏，但是短期内经济增长速度很难达到很高的数字。欧洲也呈现出分化的情况，在主要经济体中，英国情况表现最好，而欧元区则陷入经济停滞的困境。英国的经济体系与美国类似，产业、区域和金融结构等相对较为均衡，因而能够在较短时间内恢复到危机前水平。英国统计局于 2015 年 1 月公布的数据显示，2014 年增长率达到 2.6%，同年 3 月则修正为 2.8%，为 2006 年以来最高数字。欧元区的情况则截然不同，国际金融危机爆发以来，欧元区经济发展陷入停滞，如 2014 年经济增长率仅为 0.9%。其中深陷欧债危机的部分国家，经济陷入负增长。考虑到欧元区部分国家债台高筑、较高的失业率，以及较高福利水平导致的经济效率较低等诸多问题，未来欧元区经济增速可能会有所上升，但是短期内很难真正复苏。

新兴经济体增速放缓，未来发展依然存在不确定性。国际金融危机爆发，新兴国家都受到了不同程度的影响，除了印度和中国发展情况较好外，许多国家经济发展陷入困境且短期内难以真正恢复高速增长，如巴西和俄罗斯。巴西在金融危机初期，虽然受到金融危机冲击，增速有所下滑，但是仍保持了较高的增长水平，2008 年增长率达到 5.1%。进入 2011 年之后，又陷入低速增长的时期，2014 年经济增长率进一步下滑到 0.1%，接近于负增长的边缘。巴西经济之所以陷入如此境地，与其内部一系列问题没有得到妥善解决有关，如在工业领域，长期的国内替代发展战略使巴西工业体系保持完整却缺乏竞争力，而政府出台的相关产业升级措施并没有取得预期效果。从巴西未来的发展趋势看，阻碍其经济改善的深层次问题在短期内仍无法解决，而国际发展的外部环境也无法推动其迅速复苏，因而在短期恢复高速增长的可能性不大。

二是部分发展中国家承接产业转移条件越来越成熟，对我国未来工业发展形成不利因素。随着我国劳动力工资水平和福利水平不断提高，以及劳动力整体供求关系的转变，我国劳动力成本呈现不断上升趋势，且这一趋势难以逆转。而越南、印度等人口数量较为众多、经济发展程度不如我国的发展中国家，开始逐步具备承接产业转移的条件，对我国未来工业发展形成压力。

越南、印度等国家在劳动力方面具备明显优势。波士顿咨询集团的数据表明，中国制造业平均每小时的工资成本为 3.52 美元，印度这一数据仅为 92 美分，其绝对劳动力成本不及中国的 1/3。当然，这些国家与我国相比，也存在诸多不足，如缺乏完善的工业配套体系，当前产业转移往往是产业链转移，如果没有配套企业的配合，单个企业迁移成本很高。越南、印度等国家在很多行业缺乏工业配套产业，推高了企业迁移成本。但是，劳动力成本的优势对许多行业是非常重要的，越来越多的国际企业选择向这些国家转移，其中不乏知名企业，如三星公司、英特尔公司、富士康公司和 LG 公司等加大了对越南的投资。

进入"十三五"之后，预计这些国家经济的发展，基础设施有望不断完善，相关的投资条件不断改善。这将吸引更多外资企业进入，其中可能就包括大量从我国转移出的企业。这对我国经济发展将十分不利。虽然未来依靠技术创新提升核心竞争力将成为我国产业发展的趋势，但是这并不代表所有企业都能达到高技术水平，特别是我国不同地区经济发展差距较大，中西部地区仍可承接东部地区转移的劳动力密集型行业。另外，考虑到我国转型期较长，除了高污染的部分行业外，普通的劳动力密集型产业如果下降太快，将会推高转型成本，可能对转型进程造成不利影响。

三是经济全球化出现新的变化，对我国经济发展构成一定影响。一直以来作为国际经贸安排的主要平台 WTO，由于各方在利益方面的不可调和的矛盾，最近十几年在合作的谈判方面没有取得实质性进步，且谈判难度的增加，导致部分国家对 WTO 失望，转而采取绕开 WTO 框架采取区域合作及双边合作的形式，不断深化合作。当前，最引人注目的多边合作协议便是美国主导的 TPP（跨太平洋伙伴关系协议），目前已经有美国、日本、加拿大、澳大利亚等 12 个成员国，加上即将加入的韩国，其 GDP 和贸易总量占全球的比重将达到40%左右。这一协议在合作条款方面已经举行了一系列谈判，并基本达成协议。与WTO相关条款相比，这一协议在合作深度和广度方面均取得了明显突破。但是，这一合作组织目前却有意无意将我国排除在外，虽然我国已经通过与其中部分国家，达成合作深度类似的双边贸易协定，在较大程度上抵消了其不利影响，但是作为最重要的区域贸易合作组织，我国却无法加入，无法参与其规则制定，这对作为贸易大国的我国无疑十分不利。

三、"十三五"发展的灵魂："五大发展理念"

"创新、协调、绿色、开放、共享"五大发展理念将是未来指导我国经济发展的指导思想，也是"十三五"规划的灵魂。整个规划将紧扣"五大发展理念"，对未来经济发展作出安排。本文将对此问题进行论述。

（一）创新：经济发展的主动力

经济发展由要素推动向创新驱动转变，是未来我国经济发展的主题。可以这样说，没有自主技术创新能力的实质性突破，企业竞争力不能由低成本竞争力向以创新为基础的核心竞争力转变，那么我们便不能实现经济转型，经济就有陷入"中等收入陷阱"的风险。因此，创新对我们经济发展的重要性，无论如何强调都不为过。

1.我国技术创新现状：指标上升明显，但是实质创新能力上升幅度没有那么明显

我国技术创新的现状，总结成一句话，便是各项投入及产出指标都明显提高。根据这些指标，我国在技术创新方面取得明显进步，部分总量指标已经超越美国，居于世界第一位。但是从真正的自主创新能力看，我国虽然取得了一定进步，但是其提升能

力，并没有如相关指标上升那样快，在创新能力方面依然没有取得质的突破。

最近十几年来，我国在技术创新方面投入不断增加，已经逐步摆脱了以前创新投入严重不足的状况。如 R&D 人员全时当量从 2001 年的 95.7 万人年，提高到 353.3 万人年，12 年的时间提高了 269.2%，年均增长率达到 11.5%。R&D 经费支出指标，从 2001 年的 1042.5 亿元提高到 2013 年的 11846.6 亿元，名义上提高了 10.4 倍，年均名义增长率达到 22.5%。R&D 经费支出与国内生产总值的比例，从 2001 年的 0.95% 提高到 2013 年的 2.08%。这一数据已经超越了部分发达国家水平，如 2012 年我国 R&D 经费支出与国内生产总值比例为 1.98%，超过了欧盟的水平（1.97%）。

从创新的产出指标看，我国专利授权量从 2001 年的 114251 件提高到 2013 年的 1313000 件，12 年的时间增长了 10.5 倍，年均增长率高达 22.6%。其中，发明专利从 16296 件提高到 207688 件，增长了 11.7 倍，年均增长率高达 23.6%；实用新型专利从 54359 件提高到 692845 件，增长了 11.7 倍，年均增长率达 23.6%，与发明专利的增长率持平；外观设计专利从 43596 件提高到 412467 件，增长了 8.5 倍，年均增长率达到 20.6%。整体来说，我国专利数量增长率是非常高的，2011 年我国专利申请量超越美国，成为世界第一，之后便一直保持着这一地位。①

但是与这些总量指标迅速增长相比，自主创新能力依然有待继续进步。从整体产业技术体系看，我国影响产业发展大局的核心技术、关键技术依然没有取得重大进展，在技术领域受制于人的格局尚未改变。例如，我国在光学、运输、音像技术、医药技

---

① http://news.xinhuanet.com/2012-12/12/c_113999683.htm，《2011 年中国专利申请量跃居全球第一》，2012 年 12 月 12 日；我国专利申请量连续 4 年世界第一，《新民晚报》2015 年 4 月 16 日。

术、半导体方面依然处于弱势，关键技术仍由发达国家掌握①；在汽车领域，目前我国自主品牌企业的发动机高压共轨、涡轮增压等关键技术依然落后，多数企业没有掌握相关技术②。整体而言，我国在多数领域依然还是技术追随者角色，真正能够在技术上与发达国家并驾齐驱的产业不多，有些领域虽然缩小了与发达国家的技术差距，但是鉴于突破核心技术的难度远远高于一般技术，因此要真正实现追赶甚至反超，还需要较长时间。

2.制约我国创新进一步发展的因素

目前，我国创新体系中依然存在一系列问题，这将制约我国创新进一步发展。具体来说，包括如下几个因素：

首先，研发经费投入结构不合理，对技术创新体系发展不利。研发经费在三种研发活动中的分布结构可以反映一个国家技术创新水平。一般来说，基础研究、应用研究和试验发展之间维持合理的比例结构，就意味着整个技术创新体系处于良性发展状态，技术创新水平处于较高水准且可持续发展水平较高。从我国情况来看，研发结构具有明显的基础研究和应用研究比重低，试验发展比重特别高的特点。2013 年，我国基础研究、应用研究和试验发展的经费支出分别是 555.0 亿元、1269.1 亿元和 10022.5 亿元，三者比重依次为 4.7%、10.7%和 84.6%。与其他国家相比，这一结构明显不合理。例如，2012 年美国三大研发活动依次为16.5%、19.2%和 64.3%，同期我国的比重则为 4.8%、11.3%和83.9%，美国基础研究和应用研究比重分别比我国同期高 11.7 和7.9 个百分点，而试验发展比重比我国低 19.6 个百分点。

更为重要的是，我国三种研发活动经费比例不合理的状况呈

---

①刘中显：《中国产业转型发展：理论与实践》，中国市场出版社 2013 年版，第 15 页。
②张宗法：我国车用发动机技术现状分析及发展对策，《小型内燃机与摩托车》2013 年 2 月第 42 卷第 1 期。

现不断恶化的趋势。2001—2013 年，我国基础研究和应用研究比重的发展趋势是先短暂上升而后不断下降，2001—2004 年二者的比重从 5.0% 和 16.9% 提高到 6.0% 和 20.4%，分别提高了 1.0 和 3.5 个百分点，但是之后则不断下降，2014 年比重分别为 4.7% 和 10.7%，不但与比重最高的 2004 年比下降了 1.3 和 9.7 个百分点，甚至比 2001 年还分别低 0.3 和 6.2 个百分点。造成这一现象的原因可能与我国在这一时期从事研发活动的企业数量大幅增加，而这些新增企业更愿意从事对企业经营具有立竿见影效果的试验发展等创新活动有关。因此，单纯相对比重的变动不需要引起过分的担心，但是这一结构无疑对我国未来创新能力提高不利。

其次，研发方面"重数量、轻质量"问题突出。作为一个技术相对落后的国家，我国政府加大对技术创新的支持力度，这是我国在较短时间内研发投入迅速提高的重要原因。但是，过大的政策刺激，往往激发研发方面"重数量、轻质量"的问题，使重规模增长的政策倾向不知不觉带到技术创新的政策领域。例如，政府往往会采取多种措施促进企业加大研发投入，最为突出的政策就是对研发投入进行补贴，政策的本意在于通过不断加大对企业的研发补贴，引导企业将研发资源投入到关键技术、核心技术领域，以便提升产业竞争力。但据周绍东的研究表明，除非政府了解企业的完全信息，政策的本意可以达到，如果政府和企业信息不对称，政府在不了解企业全部信息的情况下，其对研发投入的刺激性政策，只会导致企业将更多资源投入到模仿创新领域，违背了政策初衷。[①]

另一方面，"重数量、轻质量"的问题在基础研究领域也表现得较为明显。在这里，我们以 ESI 论文为例进行说明。ESI 论文

[①]周绍东：企业技术创新与政府 R&D 补贴：一个博弈，《产业经济评论》2008 年 9 月第 7 卷第 3 辑。

发表的数量和质量可以在一定程度上反映一个国家或地区基础研究的前沿水平，一般来说，论文累计数量越多，引用率越高，则表明这个国家或地区基础研究比较活跃，技术创新处于较高水平。2001 年 1 月 1 日至 2011 年 8 月 31 日，我国累计发表的 ESI 论文 836255 篇，超过德国、日本、英国等发达国家，仅次于美国排名第 2，比前几年的名次有所上升①，表明我国最近几年基础研究的活跃度在不断增强。然而，从论文发表的总量上看，我国与排名第 1 的美国差距较大，仅为美国的 27.4%。从论文被引用次数看，我国论文发表数量排名第 2，但是被引用次数仅仅排名第 6，为 519.1 万次，仅为美国的 10.6%。论文引用率最能反映论文发表的质量和影响，在这一指标上，我国仅为 6.2 次 / 篇，不仅远远低于美国 16.0 次 / 篇，甚至低于许多发展中国家，在排序的前 20 个国家中仅高于印度和土耳其。这表明我国基础研究虽然表现出较强的数量优势，但是研发的水平依然较低，在创新的前沿领域和关键环节尚未取得突破，而这在一定程度上与目前基础研究领域的相关单位存在较强的"重数量、轻质量"倾向有关。

（二）协调与绿色：经济发展的重要约束

协调与绿色，是经济发展的一个重要约束，一个强调经济发展过程中，不同区域、不同领域之间要保持协调，不能顾此失彼；一个强调必须要注重发展对环境的保护，高度强调发展的可持续性，实现经济增长与蓝天白云的兼容。

1.协调：注重经济增长的各因素均衡

注重各经济增长因素的均衡，即注重发展的协调性，是经济新常态的特征。在旧模式下，政府尤其是地方政府注重的主要目标就是经济增长速度，有人将此称为"唯 GDP 主义"。而在新常

---

①根据《中国科技统计年鉴》(2011)的数据,2001 年 1 月 1 日至 2010 年 8 月 31 日各国 ESI 论文发表数量排序中,我国名列第 4。

态下，这一现象将得以彻底改变，注重不同目标之间的协同，成为新常态的特征。进入新常态后，这些不同的目标将被统一考虑，协同推进。例如，我们需要考虑区域、城乡、精神文明与物质文明的协调发展。

在这里，我们以城镇化为例，介绍协调发展。我国幅员辽阔，各地经济发展、地理环境状况、社会习俗、居住习惯等具有很大的差异，因此必须因地制宜地发展，走与自身情况适宜的城镇化道路，并在城镇化过程中注重东中西部均衡发展，才是城镇化成功的关键。

从宏观来说，我国东中西部地区经济发展差异很大。东部地区，特别是长江三角洲、珠江三角洲和环渤海地区，在改革开放以后是劳动力流入的重点地区，部分城市已经拥挤不堪，其未来城镇化的发展重点就是要挖掘区域内中小城市的发展潜力，通过产业转移等手段，遏制人口过分向大城市集中的趋势，壮大中小城市，使之成为吸纳劳动力的新重点，形成大中小城市协调发展的局面。而中西部地区，情况截然不同：工业发展相对滞后，农业比重相对较高，是我国劳动力外流的核心地区。从城市化的角度看，这些地区大城市主要是各省的省会城市，其他的地级城市发展相对滞后，人口吸纳能力较弱，小城市发展则更弱。在这种情况下，科学的做法是，抓住东部地区产业转移的机会，以中等城市发展为重点，形成以省会城市为核心、中等城市为中心，辐射带动小城市发展的区域城市群。在这里强调一点，在城镇化进程中，既要尊重客观规律，扎实推进城镇化，又要考虑东中西协调发展，逐步缩小彼此的差距。

2.绿色：注重经济发展中的环境问题

关于环保问题，我们介绍过很多，这里不再赘述。只简单强调一点，"十三五"规划中的绿色，将比以前我们说的环保，所包含的内容更为广泛，其要求也更高。如，从其涵义上讲，既包括经济发展过程中对资源的节约利用、减少排放、加强循环利用以及发展环保产业等内容，也涉及主体功能区建设、生态安全保障的内容。这将是一个立体的绿色发展概念。

（三）开放与共享：经济发展转型的要求

开放，是国家繁荣发展的必由之路，未来需要发展更高水平的开放型经济。共享，是中国特色社会主义的本质要求，未来必须作出更有效的制度安排。具体来说，内容如下：

1.开放：更加积极利用外部环境

要促进我国未来经济发展，顺利实现经济发展转型，要求我们必须以更加积极的姿态，融入国际经济环境，不断优化开放水平。在这里，我们谈最为引人注目的问题，即"一带一路"建设。

2013年9月和10月，习近平主席先后提出丝绸之路经济带和21世纪海上丝绸之路，这就是我们常说的"一带一路"。"一带一路"通过陆地和海洋两条路径将包括东南亚、西亚、东北亚以及欧洲在内的诸多国家纳入其中，成为贯穿欧亚大陆的、世界最长的经济走廊[①]。作为我国对外放开中的重要战略布局，"一带一路"将对我国未来的国际经济合作产生深远影响，是推动我国未来经济发展的战略机遇。

一是有利于经贸合作。我国与"一带一路"沿线许多国家经济互补性强、彼此合作空间大。例如，欧盟和我国，一个属于发达国家联合体，一个属于最大的发展中国家，在国际经济分工体系中处于不同位置，加强彼此合作将是"双赢"选择。目前我国和欧盟之间在经贸合作方面已经较为深化，我国是欧盟的第二大贸易伙伴，欧盟是我国第一大贸易伙伴，然而，二者巨大的合作

---

①安宇宏："一带一路"战略,《宏观经济管理》2015年第1期;文瑞:"一带一路"战略背景下的中欧经贸合作,《世界经济与贸易》2015年第5期。

潜力尚未充分发挥，未来合作的空间依然很大。[①]又如，我国和西亚，一个是世界最大的制造业大国，一个是世界上最富裕的能源生产区域，彼此之间经贸合作空间巨大。

二是有利于能源安全。伴随我国主要能源产品对外依赖度不断提高，加强与多方能源生产区域合作以增进能源安全，就成为关系到我国未来经济发展的一个战略问题。从主要能源的情况看，2014 年我国石油对外依存度高达 59.6%[②]，而从进口区域来说，高度集中于中东地区，所占比重近半，达 48%[③]；2014 年我国进口天然气 580 亿立方米，对外依存度接近 1/3，土库曼斯坦是我国最大的管道天然气进口来源国，卡塔尔则是我国最大的液化天然气进口来源国。[④]随着美国页岩油开采技术的进步，美国有可能会大幅度减小石油进口，而我国将成为世界石油第一大进口国，对外依存度还可能继续升高。在这种情况下，增进能源安全的急迫性大大提高。而"一带一路"的推进，则有可能解决这一问题。

首先，"一带一路"的推进，将加深我国和西亚地区的能源合作。作为我国石油的主要进口来源地区，西亚地区的能源供应渠道保持稳定，是保证我国能源安全的基础。而与西亚地区加深合作，可以使我们与这个地区更多的石油产出国加强合作，实现风险的分散化。另外，"一带一路"的推进，将有助于我们与石油运输通道沿线家加强合作，有利于提高我国运输通道的安全性，这对于保证我国能源安全也十分有利。

①文瑞："一带一路"战略背景下的中欧经贸合作，《世界经济与贸易》2015 年第 5 期。

②http://futures.xinhua08.com/a/20150129/1447491.shtml，《2014 年我国石油对外依存度接近 60%》，2015 年 1 月 29 日。

③http://www.cpcia.org.cn/news/hyfx/2015-1/144924.shtml，《2014 年中国原油进出口大盘点》，2015 年 1 月 28 日。

④张生玲、魏晓博等："一带一路"战略下中国能源贸易与合作展望，《国际贸易》2015 年第 8 期。

其次，"一带一路"的推进，将有利于我国与中亚地区的能源合作。中亚地区油气资源和其他矿产资源十分丰富，与其加强合作，可以使我国摆脱对少数国家的能源依赖、分散能源供应风险。

三是有利于区域经济发展。改革开放以来，我国区域发展不均衡问题较为突出，东中西的经济发展水平落差较大。虽然也先后实施西部大开发、中部崛起等相关战略，并配有相关的政策措施，但是这一格局并没有从根本上改观。而"一带一路"战略的提出，则有利于解决这一问题。

一方面，"一带一路"打破了我国固有的东中西的经济格局，将三大经济带融汇，为缩小经济差距创造了条件。"一带一路"战略规划核心区涉区 18 个省份，目前全国已有 24 个省份明确加快"一带一路"建设，其中包括西部地区 10 个省份，中部地区 6 个省份，东部地区 8 个省份。在"一带一路"战略推动下，将有利于我国东部产业向中西部地区转移，并有利于中西部地区基础设施建设，进而对不断缩小东中西地区经济落差产生积极作用[①]。另一方面，与东部地区相比，我国中西部地区对外开放程度较低，在"一带一路"战略推动下，我国中西部地区尤其是西部地区的开放水平将上升一个层次，与国外的经济合作无疑将有助于推动其经济快速发展，缩小与东部地区的差距。

2.共享：让大家更好地共同享受发展成果

共享的涵义，是让大家更好地共同享受发展成果，具体内容包括增加公共产品供给，提高教育质量，加强扶贫力度，促进就业创业，缩小贫富差距，提高养老、医疗社会保障水平、促进人口均衡等方面。由于这些问题我们已经讨论过很多，在这里我们着重讨论一个新问题，即一对夫妇生育两个孩子的全面二胎政策。

---

①郑志来："一带一路"战略与区域经济融合发展路径研究，《现代经济探讨》2015 年第 7 期。

针对我国劳动力数量和结构的变化，我国近年来逐渐放宽生育政策，如先是允许夫妻双方中的一方为独生子女的生育二胎（即大家常说的"单独二胎"），很快又出台了全面放开二胎的政策。有些新闻的调查分析表明，"单独二胎"政策所带来的新增人口数量相当有限；而由于受到大量生育人口已经进入 35 岁以上甚至 40 岁左右的生育年龄上限、子女养育费用的高昂以及生育年龄段人口对生活质量的追求等因素影响，有人认为我国全面放开二胎政策可能也无法取得新增人口大幅增加的预期效果。笔者认为，这种估计有点过分悲观。根据笔者私下做的一个非正式调查，虽然在大城市中，相当比重的中等收入的生育年龄期夫妻暂时没有或者明确表示不再要二胎，但在中小城市中表示要二胎的夫妻比重却很高。当然，从经济和人口规律看，随着人均收入的增长，人们生育意愿降低是一个客观规律，但是这并不表明全面放开二胎政策无效，相信在一定程度上会改善我国现有人口结构不合理的状况。

四、"十三五"规划的难点

"十三五"期间我国经济发展面临许多挑战，可以说有许多难点。但是，结合"十三五"期间我国经济发展趋势及发展要求，本文认为"十三五"规划的难点集中体现在两点：

一是市场在资源配置中起决定性作用的体现。市场机制与政府职能在彼此边界清晰的前提下，如果密切分工合作，将充分发挥二者的优势，有效促进经济发展。前文我们介绍过，规划本质上就是政府调控经济的一种手段，它在很大程度上体现了政府调控职能。党的十八届三中全会提出，要发挥市场在资源配置中起决定性作用。这就意味着许多事情需要交付给市场。在这种情况下，"十三五"规划，将面临确定哪些领域可以由政府去调控和谋划，以及在调控措施中，政策措施的作用力度能有多大等一系列难题。

举个例子来说，在规划中发展重点方面，我们可以看到，规划文本中有许多"重点发展""优先发展""鼓励""扶持"等等相关字眼。这些字眼可不是空口说出的，必须要有相关的政策措施，去支撑这些目标的实现。例如，在新能源汽车方面的政策基调是优先扶持发展，实际上是有一套相关措施去支持的。2010年6月由国家发改委等四部委联合发布的新能源补贴政策中，就明确规定，纯电动车每辆最高补贴额为6万元，插电式混合动力5万元。在相关政策效果不显著的情况下，有关部门继续强化政策支持力度，不仅仅对电动汽车的生产进行补贴，还通过行政手段，拓宽电动汽车的市场规模。2014年7月14日《国务院办公厅关于加快新能源汽车推广应用的指导意见》进一步要求，扩大新能源汽车在公共服务领域以及党政机关和公共机构、企事业单位应用规模，提出了"两个30%"的目标，即新能源汽车推广应用城市新增或更新车辆中的新能源汽车比例不低于30%；2014—2016年，中央国家机关以及新能源汽车试点城市的政府机关和公共机构购买的新能源汽车比重要不低于占当年配备更新车辆总量的30%。部分地区还根据自身的情况，采取了相应的措施促进新能源汽车的使用，如北京市曾一度规定电动汽车不用参与摇号，在摇号中签率越来越低的情况下，这一政策的确有相当吸引力。在这些相关政策的推动下，我国电动汽车产业发展迅速，据统计，到2015年年底，基本实现了产销量50万的目标，已经成为世界上最大的新能源汽车销售市场。在这种情况下，财政部对外宣布，2016—2020年，相关补贴数额将逐步大幅下降，2020年相关政策将完全退出。

可以看出，实际上新能源汽车在我国的快速发展，很大程度上是通过政府政策强行推动的，并非市场规律自动发展的结果。这种推动经济发展的方式，可能存在着很大的隐患，例如我国光能产业和风能产业，就在产业发展尚未完全成熟的情况下，在政策推动下，出现了严重产能过剩。因此，政策推动必须和市场作用紧密结合起来，发挥各自的优势，避免各自的"失灵"。那么，问题来了：在市场在资源配置中起决定性作用这一定位下，政府在部分经济领域的调控中要保持克制，避免政府的盲目调控行为扭曲市场，对经济正常发展造成不利影响。实际上，有关部门在制定"十三五"规划过程中非常重视政府和市场关系问题的处理。国家发改委主任徐绍史在 2014 年 4 月 17 日召开的"十三五"规划编制工作电视电话会议中，就特别强调"十三五"规划编制过程中必须要正确处理好政府与市场的关系。其实，可以想象，我们传统规划中重视产业规划的现象将会弱化，尤其是传统产业。另外，在现实中，许多领域市场和政府的边界尚不清晰，许多方面还有待进一步界定，这也是"十三五"规划中需要回答的一个问题。

二是环保的问题。绿色是"五大发展理念"之一，也是"十三五"规划重要的指导原则。从我国经济发展的情况来看，环保问题也是最突出的问题，相关目标也是实现难度最高的。例如，"十五"计划中环保指标就没有全部实现。其实，最近这几年，环保目标都是难以实现的老大难问题。前几年，各地为了达到最终环保目标，出现了不正常的拉闸限电、限制供暖烧煤等荒唐行为。总结其原因，主要是长久以来形成的过分重视经济增长速度的发展观和政绩观，在短期内难以完全根除，部分地方政府在面临环保与经济增长速度之间的抉择时，往往选择了增长速度，而对环保问题的重视程度没有提高到应有水平。

虽然近几年来，各级政府和社会各方对经济增长速度和经济发展质量之间的认识上大有进步，但是不能就此认为，环保问题和经济增长速度之间的矛盾已经彻底缓解，环保问题将步入坦途。一方面，我们未来的经济依然需要保持中高速度的增长，从目前的情况看，要保持6.5%左右的增速，在经济发展压力加大的局面下，要实现这一目标依然具有一定的挑战性。这就不排除，部分地方政府为了实现发展目标，在不知不觉中，在一定程度上重归原来的发展道路。这就会加剧环保问题的难度。另一方面，环保问题是一个负责的问题，需要监管体系和监管能力的大幅提升。要知道，环保问题不仅仅涉及工业生产企业，也涉及普通居民的生活，要提升环保水平，就需要从各个方面入手。而这要求政府大幅度提升相关监管体系和监管能力。从目前的实际情况看，虽然近几年相关部门在环保方面加大了力度，但是与未来发展需要相比，还存在较大差距。

第二章
全面建成小康社会：成熟定型的社会

　　党的十八届五中全会指出：到二〇二〇年全面建成小康社会，是我们党确定的"两个一百年"奋斗目标的第一个百年奋斗目标。"十三五"时期是全面建成小康社会决胜阶段，"十三五"规划必须紧紧围绕实现这个奋斗目标来制定，从"党的十六大提出全面建设小康社会奋斗目标以来，全党全国各族人民接续奋斗，各项事业取得重大进展。今后五年，要在已经确定的全面建成小康社会目标要求的基础上，努力实现以下新的目标要求"。新要求有五个方面，其中第五个方面就是："各方面制度更加成熟更加定型。国家治理体系和治理能力现代化取得重大进展，各领域基础性制度体系基本形成。人民民主更加健全，法治政府基本建成，司法公信力明显提高。人权得到切实保障，产权得到有效保护。开放型经济新体制基本形成。中国特色现代军事体系更加完善。党的建设制度化水平显著提高。"

　　从党的十六大以来，我们党指出了到 2020 年中国至少有八型：第一，建设职能科学、结构优化、廉洁高效、人民满意的服务型政府；第二，全面提高开放型经济水平，适应经济全球化新形势，必须实行更加积极主动的开放战略，完善互利共赢、多元平衡、安全高效的开放型经济体系；第三，科技进步对经济增长的贡献率大幅上升，进入创新型国家行列；第四，形成以工促农、以城带乡、工农互惠、城乡一体的新型工农城乡关系；第五，资源节约型、环境友好型社会建设取得重大进展；第六，办好学前教育，均衡发展九年义务教育，基本普及高中阶段教育，加快发展现代职业教育，推动高等教育内涵式发展，积极发展继续教育，完善终身教育体系，建设学习型社会；第七，建设学习型、服务型、创新型的马克思主义执政党；第八，推进新型城镇化。

一、服务型政府：公正高效

2003 年 10 月，党的十六届三中全会通过的《关于完善社会主义市场经济体制若干问题的决定》指出：健全国家宏观调控，完善政府社会管理和公共服务职能；深化行政审批制度改革，切实把政府经济管理职能转到主要为市场主体服务和创造良好发展环境上来；加快形成行为规范、运转协调、公正透明、廉洁高效的行政管理体制。2004 年 2 月，时任国务院总理温家宝在省部级主要领导干部树立和落实科学发展观高级研究班上的讲话中，首次提出了"服务型政府"的概念。2005 年 3 月，时任国务院总理温家宝在《政府工作报告》中再次强调，要"努力建设服务型政府"。党的十七大报告指出：加快行政管理体制改革，建设服务型政府。行政管理体制改革是深化改革的重要环节。要抓紧制定行政管理体制改革总体方案，着力转变职能、理顺关系、优化结构、提高效能，形成权责一致、分工合理、决策科学、执行顺畅、监督有力的行政管理体制。健全政府职责体系，完善公共服务体系，推行电子政务，强化社会管理和公共服务。

党的十八大以来，习近平总书记十分重视服务型政府建设。2013 年 2 月 28 日上午，中共中央在中南海怀仁堂举行民主协商会，就国务院机构改革和职能转变、中共中央拟向十二届全国人大一次会议推荐的国家机构领导人员人选建议名单和拟向全国政协十二届一次会议推荐的全国政协领导人员人选建议名单，向各民主党派、全国工商联和无党派人士通报情况，听取意见。习近平总书记在讲话中指出，行政体制改革是推动上层建筑适应经济基础的必然要求。实现全面建成小康社会和全面深化改革开放的目标，必须深化已进行 30 多年并取得重要成果的行政体制改革，破除制约经济社会发展的体制机制弊端。

党的十八大从我国发展全局出发，提出了深化行政体制改革的要求和任务，强调要按照建立中国特色社会主义行政体制目标，深入推进政企分开、政资分开、政事分开、政社分开，建设职能科学、结构优化、廉洁高效、人民满意的服务型政府。"职能科学、结构优化、廉洁高效、人民满意"这十六个字有丰富的内涵。

职能科学意味着：第一，政府职能的确定既要符合经济社会发展的客观规律，又要符合自然规律，在顺应客观规律的基础上确定政府的主要职能；第二，政府职能的实施能有效地推动经济社会发展；第三，政府职能能够不断适应经济社会发展的要求和趋势，积极主动地以较小成本、较大社会经济效益进行自觉调整，能够防止僵化。

结构优化意味着：第一，数量结构优化，也就是说，政府部门的数量比较恰当；第二，质量结构优化，也就是说，政府部门之间职责能够相互匹配、相互协作；第三，人员结构优化，既包括政府工作人员数量适度，也包括政府工作人员基本上能够适应职能的要求。

廉洁高效意味着：第一，政府是廉洁政府，政府工作人员的腐败问题被遏制住，存量被大大压缩，增量土壤被基本清除，政府审批权限被关进制度的笼子中；第二，政府是高效政府，政策制定过程是高效的，政策执行也是高效的，政策监督与评估是高效的，政策修正以及改革也是高效的。2013 年 3 月 26 日，李克强总理在国务院第一次廉政工作会议上提出：着力建设一个廉洁政府。李克强总理从六个方面提出了建设廉洁政府的方法：一是简政放权。抓紧推进职能转变，下决心把该放的权力放下去，这是反腐倡廉"釜底抽薪"之策，也有利于激发社会活力和创造力，释放制度红利。不能干了市场的活儿，弱化甚至失了政府的责。二是管住权力。防止腐败的利器之一是深化改革，特别是要加快推进公共资源交易市场化改革，同时以完善的规则和严格的法律制度，来约束和规范权力运行和政府行为，从源头上减少和治理腐败。三是管好钱财。筑牢预算约束力的防线。财政资金、公共资产都是纳税人的钱，任何人都没有贪污浪费的权力。建立公开、透明、规范、完整的预算制度，把政府所有收入和支出都纳入预算，逐步做到所有政府开支都要事先编制预算，让人民能有效进行监督。四是政务公开。让权力公开透明，也是最有效的防腐剂。五是勤俭从政。在财政增收趋缓而刚性支出增加的形势下，政府必须首先过紧日子。有困难不能难百姓，只能难自己。六是依法促廉。让权力在法治的轨道上运行。各级政府和工作人员必须严格按照法定的权限和程序行使权力，履行职责。所有行政行为都要于法有据、程序正当。①

人民满意意味着：第一，政府一切工作的出发点就是让人民群众满意，检验我们一切工作的成效，最终都要看人民是否真正得到了实惠，人民生活是否真正得到了改善，这是坚持立党为公、执政为民的本质要求，是党和人民事业不断发展的重要保证；第

①《十八大以来重要文献选编》(上)，中央文献出版社 2014 年版，第 266—273 页。

二，以公共服务为导向，大力提供种类更多、质量更优的公共服务，满足老百姓的物质文化服务需求。为此，就要改革政府治理方式，比如要从审批制转向清单制：确需设置的行政审批事项，要建立权力清单制度，一律向社会公开；清单之外的，一律不得实施审批。

在服务型政府建设中，还要注重法治政府建设。2015 年 12 月，中共中央、国务院印发了《法治政府建设实施纲要（2015—2020 年)》，明确了法治政府建设的总体目标是：到 2020 年基本建成职能科学、权责法定、执法严明、公开公正、廉洁高效、守法诚信的法治政府。在这一目标之下，还包括以下具体目标：（1）依法全面履行政府职能的目标：牢固树立创新、协调、绿色、开放、共享的发展理念，坚持政企分开、政资分开、政事分开、政社分开，简政放权、放管结合、优化服务，政府与市场、政府与社会的关系基本理顺，政府职能切实转变，宏观调控、市场监管、社会管理、公共服务、环境保护等职责依法全面履行。（2）完善依法行政制度体系的目标：提高政府立法质量，构建系统完备、科学规范、运行有效的依法行政制度体系，使政府管理各方面制度更加成熟更加定型，为建设社会主义市场经济、民主政治、先进文化、和谐社会、生态文明，促进人的全面发展，提供有力制度保障。（3）推进行政决策科学化、民主化、法治化的目标：行政决策制度科学、程序正当、过程公开、责任明确，决策法定程序严格落实，决策质量显著提高，决策效率切实保证，违法决策、不当决策、拖延决策明显减少并得到及时纠正，行政决策公信力和执行力大幅提升。（4）坚持严格规范公正文明执法的目标：权责统一、权威高效的行政执法体制建立健全，法律法规规章得到严格实施，各类违法行为得到及时查处和制裁，公民、法人和其他组织的合法权益得到切实保障，经济社会秩序得到有效维护，行政违法或不当行为明显减少，对行政执法的社会满意度显著提高。（5）强化对行政权力的制约和监督的目标：科学有效的行政权力运行制约和监督体系基本形成，惩治和预防腐败体系进一步健全，各方面监督形成合力，人民群众的知情权、参与权、表达权、监督权得到切实保障，损害公民、法人和其他组织合法权益的违法行政行为得到及时纠正，违法行政责任人依法依纪受到严肃追究。（6）依法有效化解社会矛盾纠纷的目标：公民、法人和其他组织的合法权益得到切实维护，公正、高效、便捷、成本低廉的多元化矛盾纠纷解决机制全面形成，行政机关在预防、解决行政争议和民事纠纷中的作用充分发挥，通过法定渠道解决矛盾纠纷的比率大幅提升。（7）全面提高政府工作人员法治思维和依法行政能力的目标：政府工作人员特别是领导干部牢固树立宪法法律至上、法律面前人人平等、权由法定、权依法使等基本法治理念，恪守合法行政、合理行政、程序正当、高效便民、诚实守信、权责统一等依法行政基本要求，做尊法学法守法用法的模范，法治思维和依法行政能力明显提高，在法治轨道上全面推进政府各项工作。

二、开放型经济新体制：合作共赢

党的十八大第一次明确提出完善互利共赢、多元平衡、安全高效的开放型经济体系。党的十八届三中全会进一步提出构建开放型经济新体制，实行更加积极主动的开放战略，完善互利共赢、多元平衡、安全高效的开放型经济体系。所谓互利共赢就是通过扩大对外开放，与世界上各国形成互利共赢的局面。所谓多元平衡就是世界上各个地区之间的经济贸易往来是平衡的，不过分依赖于某个市场；产业和贸易结构也是平衡的，不依赖于某一个或几个产业产品的出口。所谓安全高效就是对于世界上出现的经济危机有抗打击能力，对于国际经济的动荡有抗压能力。

2015 年 5 月 5 日，中共中央、国务院通过了《关于构建开放型经济新体制的若干意见》，该《意见》于 2015 年 9 月 18 日发布。《意见》不仅进一步强调构建开放型经济新体制，而且强调建设开放型经济强国。《意见》指出：要统筹开放型经济顶层设计，加快构建开放型经济新体制，建设开放型经济强国，为实现"两个一百年"奋斗目标和中华民族伟大复兴的中国梦打下坚实基础。《意见》强调："构建开放型经济新体制的总体目标是：加快培育国际合作和竞争新优势，更加积极地促进内需和外需平衡、进口和出口平衡、引进外资和对外投资平衡，逐步实现国际收支基本平衡，形成全方位开放新格局，实现开放型经济治理体系和治理能力现代化，在扩大开放中树立正确义利观，切实维护国家利益，保障国家安全，推动我国与世界各国共同发展。""开放型经济强国""实现开放型经济治理体系和治理能力现代化"是新的表述，是新的目标。2015 年 10 月，党的十八届五中全会指出：必须顺应我国经济深度融入世界经济的趋势，奉行互利共赢的开放战略，坚持内外需协调、进出口平衡、引进来和走出去并重、引资和引技引智并举，发展更高层次的开放型经济。构建开放型经济新体制的具体要求就是：

（1）建立市场配置资源新机制，建立公平开放、竞争有序的现代市场体系。促进国际国内要素有序自由流动、资源全球高效配置、国际国内市场深度融合，培育国际合作和竞争新优势，更加积极地促进平衡即内需和外需平衡、进口和出口平衡、引进外资和对外投资平衡，逐步实现国际收支基本平衡；加快推进与开放型经济相关的体制机制改革。

（2）形成经济运行管理新模式，实现开放型经济治理体系和治理能力现代化。《意见》明确指出：按照国际化、法治化的要求，营造良好法治环境，依法管理开放，建立与国际高标准投资和贸易规则相适应的管理方式，形成参与国际宏观经济政策协调的机制，推动国际经济治理结构不断完善。推进政府行为法治化、经济行为市场化，建立健全企业履行主体责任、政府依法监管和社会广泛参与的管理机制，健全对外开放中有效维护国家利益和安全的体制机制。为此，要做到：其一，推进准入前国民待遇加负面清单的管理模式。完善外商投资市场准入制度，探索对外商投资实行准入前国民待遇加负面清单的管理模式。目前，我国利用外资仍采取逐案审批加产业指导的管理方式，审批环节多，影响了外资的积极性。为改变这种状况，2013 年中国搞了一个重大探索，就是批准设立中国上海自由贸易试验区。实行准入前国民待遇加负面清单的管理方式，只要没有列入负面清单的行业，企业投资都不需要审批。需要强调的是，自贸区不是搞"政策特区"或"税收洼地"，而是要推进政府职能转变，探索创新经济管理模式。①其二，改革市场准入、海关监管、检验检疫等管理体制，加快环境保护、投资保护、政府采购、电子商务等新议题谈判，形成面向全球的高标准自由贸易区网络。其三，完善外商投资监管体系。按照扩大开放与加强监管同步的要求，加强事中事后监管，建立外商投资信息报告制度和外商投资信息公示平台，充分发挥企业信用信息公示系统的平台作用，形成各政府部门信息共享、协同监管、社会公众参与监督的外商投资全程监管体系，提升外商投资监管的科学性、规范性和透明度，防止一放就乱。

（3）形成全方位开放新格局，拓展开放型经济发展新空间。坚持自主开放与对等开放，加强走出去战略谋划，实施更加主动的自由贸易区战略。继续实施西部大开发、东北振兴、中部崛起、

---

① 《十八大以来重要文献选编》（上），中央文献出版社 2014 年版，第 798—799 页。

东部率先的区域发展总体战略，以内陆中心城市和城市群为依托，以开发区和产业聚集区为平台，积极探索承接产业转移新路径，创新加工贸易模式，以加工贸易梯度转移重点承接地为依托，稳妥推进有条件的企业将整机生产、零部件、原材料配套和研发、结算等向内陆地区转移，形成产业集群，支持在内陆中心城市建立先进制造业中心。重点实施"一带一路"战略，以政策沟通、设施联通、贸易畅通、资金融通、民心相通为主要内容，全方位推进与沿线国家合作，构建利益共同体、命运共同体和责任共同体，深化与沿线国家多层次经贸合作。实施京津冀协同发展战略和长江经济带战略，推动东西双向开放，促进基础设施互联互通，扩大沿边开发开放，形成全方位开放新格局。

（4）形成国际合作竞争新优势，全面提升在全球价值链中的地位。巩固和拓展传统优势，加快培育竞争新优势。以创新驱动为导向，以质量效益为核心，大力营造竞争有序的市场环境、透明高效的政务环境、公平正义的法治环境和合作共赢的人文环境，加速培育产业、区位、营商环境和规则标准等综合竞争优势，不断增强创新能力，促进产业转型升级。

三、创新型国家：占有多席

10 年前的 2006 年 1 月 10 日，时任中共中央总书记、国家主席胡锦涛在全国科学技术大会上的讲话中，第一次提出建设创新型国家。他指出："面对汹涌澎湃的世界新科技革命浪潮，我们必须认清形势、坚定信心、抢抓机遇、奋起直追。总体目标是：到2020 年，使我国的自主创新能力显著增强，科技促进经济社会发展和保障国家安全的能力显著增强，基础科学和前沿技术研究综合实力显著增强，取得一批在世界具有重大影响的科学技术成果，进入创新型国家行列，为全面建设小康社会提供强有力的支撑。"他阐述了创新型国家的基本内涵："建设创新型国家，核心就是把增强自主创新能力作为发展科学技术的战略基点，走中国特色自主创新道路，推动科学技术的跨越式发展；就是把增强自主创新能力作为调整产业结构、转变增长方式的中心环节，建设资源节约型、环境友好型社会，推动国民经济又快又好发展；就是把增强自主创新能力作为国家战略，贯穿到现代化建设各个方面，激发全民族创新精神，培养高水平创新人才，形成有利于自主创新的体制机制，大力推进理论创新、制度创新、科技创新，不断巩固和发展中国特色社会主义伟大事业。"这就系统地阐明了中国建设创新型国家的基本内涵。

党的十八大以来，以习近平同志为总书记的中央领导集体更加重视创新型国家建设。2014 年 6 月 9 日，国家主席习近平在中国科学院第十七次院士大会、中国工程院第十二次院士大会上的讲话中指出："要坚定不移走中国特色自主创新道路，坚持自主创新、重点跨越、支撑发展、引领未来的方针，加快创新型国家建设步伐。"为此，要着力加强创新驱动发展战略的顶层设计，改革国家科技创新战略规划和资源配置体制机制，深化产学研合作，加强科技创新统筹协调，加快建立健全各主体、各方面、各环节有机互动、协同高效的国家创新体系。2015 年 9 月，中共中央办公厅、国务院办公厅印发《深化科技体制改革实施方案》，指出：到 2020 年，在科技体制改革的重要领域和关键环节取得突破性成果，基本建立适应创新驱动发展战略要求、符合社会主义市场经济规律和科技创新发展规律的中国特色国家创新体系，进入创新型国家行列；到 2030 年建成更加完备的国家创新体系、进入创新型国家前列。2015 年 10 月，党的十八届五中全会指出：发挥科技创新在全面创新中的引领作用，加强基础研究，强化原始创新、集成创新和引进消化吸收再创新。

什么是创新型国家？创新型国家是指以技术创新为经济社会发展核心驱动力的国家。目前世界上公认的创新型国家有 20 个左右，包括美国、日本、芬兰、韩国等。这些国家的共同特征是：创新综合指数明显高于其他国家，科技进步贡献率在 70% 以上，研发投入占 GDP 的比例一般在 2% 以上，对外技术依存度指标一般在 30% 以下。此外，这些国家所获得的三方专利（美国、欧洲和日本授权的专利）数占世界数量的绝大多数。我国在 2006 年通过的《国家中长期科学和技术发展规划纲要（2006—2020 年）》提出：到 2020 年，全社会研究开发投入占国内生产总值的比重提高到 2.5% 以上，力争科学技术进步贡献率达到 60% 以上，对外技术依存度降低到 30% 以下，本国人发明专利年度授权量和国际科学论文被引用数均进入世界前 5 位，进入创新型国家行列。

如何推动创新型国家加快发展？从中共中央办公厅、国务院办公厅印发的《深化科技体制改革实施方案》来看，一共是 10 个大的方面、32 个具体方面和 143 条具体办法。

第一，建立技术创新市场导向机制。建立企业主导的产业技术创新机制，激发企业创新内生动力；加强科技创新服务体系建设，完善对中小微企业创新的支持政策。

第二，构建更加高效的科研体系。加快科研院所分类改革，建立健全现代科研院所制度；完善高等学校科研体系，建设一批世界一流大学和一流学科；推动新型研发机构发展，形成跨区域、跨行业的研发和服务网络；改进创新型人才培养模式，增强科技创新人才后备力量；实行科技人员分类评价，建立以能力和贡献为导向的评价和激励机制；深化科技奖励制度改革，强化奖励的荣誉性和对人的激励；改进完善院士制度，健全院士遴选、管理和退出机制。

第三，健全促进科技成果转化的机制。推进科技成果使用、处置和收益管理改革，强化对科技成果转化的激励；完善技术转移机制，加速科技成果产业化。

第四，建立健全科技和金融结合机制。壮大创业投资规模，加大对早中期、初创期创新型企业支持力度；强化资本市场对技术创新的支持，促进创新型成长型企业加速发展；拓宽技术创新间接融资渠道，完善多元化融资体系。

第五，构建统筹协调的创新治理机制。完善政府统筹协调和决策咨询机制，提高科技决策的科学化水平；推进中央财政科技计划（专项、基金等）管理改革，再造科技计划管理体系；改革科研项目和资金管理，建立符合科研规律、高效规范的管理制度；全面推进科技管理基础制度建设，推动科技资源开放共享；完善宏观经济统计指标体系和政绩考核机制，强化创新驱动导向；有序开放国家科技计划，提高我国科技的全球影响力；实行更加积极的人才引进政策，聚集全球创新人才；鼓励企业建立国际化创新网络，提升企业利用国际创新资源的能力；优化境外创新投资管理制度，鼓励创新要素跨境流动。

第六，营造激励创新的良好生态。实行严格的知识产权保护制度，鼓励创业、激励创新；打破制约创新的行业垄断和市场分割，营造激励创新的市场环境；改进市场准入与监管，完善放活市场、拉动创新的产业技术政策；推动有利于创新的要素价格改革，形成创新倒逼机制；培育创新文化，形成支持创新创业的社会氛围。

第七，推动区域创新改革。打造具有创新示范和带动作用的区域性创新平台。

只要把这些举措落实到位，创新型国家建设一定能够顺利地完成任务。除了落实好《深化科技体制改革实施方案》的各项举措外，还应当抓好以下工作：

第一，完善好科研经费使用管理制度，使科研人员一方面遵纪守法使用科研经费，另一方面还要简化手续。2015 年 12 月 27 日，《人民日报》发表赵永新的"别把科学家逼成会计"的记者手记，其中讲到："科研骨干每年光在经费预算和财务报销上花的时间，就多达两三个月。如果加上填写项目年度进展、工作年度考核等，所花的时间就更多了。"很多科学家一半精力用于经费如何合规使用，浪费了不少时间。

第二，深入实施人才强国战略，确立人才优先发展战略布局，以高层次人才、高技能人才为重点，统筹推进各类人才队伍建设，培养造就规模宏大、结构优化、布局合理、素质优良的人才队伍；要创新人才培养体系，用科学合理的方法评价人才，大力培养造就具有世界科研前沿水平的高级专家、高层次科技领军人才，注重培养一线创新人才和青年科技人才；创新型人才不足是制约科技发展的瓶颈，中国现在没有强大起来，一个重要原因是没有按照培养科技发明创造人才的方式办学，培养不出杰出人才，要把培养创新型人才作为教育发展的重要目标，培养一批又一批、一代又一代各类人才，特别是创新型人才，中国才有希望；要完善现代国民教育体系和终身教育体系，优化教育结构，推进素质教育，突出培养具有科学精神、创造性思维、创新能力的人才。

第三，要深入总结新中国成立以来工人技术革新的经验，在新时期发扬光大。1951 年，青岛国棉六厂工人郝建秀创造了"郝建秀细纱工作法"，她的经验在全国得到全面推广后，每年可为国家多生产 4.4 万件棉纱，相当于供 400 万人一年用布的棉纱。倪志福 1953 年分配到北京永定机械厂当钳工，经过刻苦钻研，同年创造了"倪志福钻头"，为此，获得了联合国知识产权组织颁发的金质奖章和证书。包起帆原来是上海港的一名普通工人，20 世纪

80 年代，他结合港口生产实际，开展新型抓斗及工艺系统的研发，创造性地解决了一批关键技术难题，被誉为"抓斗大王"。工人中蕴含着无穷的创造力，应当研究和建立更多的使工人进行技术创造和技术发明的工作平台和科研平台，为工人开放更多的大学和科研机构的研究平台。

第四，用中国项目带动人才，也就是设立一些带动世界科技发展的中国项目，把世界上一些顶尖人才吸引到项目上来。具体就是：设立一些涉及自然界最基础性的科研项目吸引各国积极参加，甚至是自己拿钱、拿资金、拿人才参加。欧洲粒子物理研究所大型强子对撞机项目就是一个成功的案例，这一项目寻找的上帝粒子具有重要价值，这一项目参与的国家很多，而且都是自筹资金参加；设立一些涉及人类发展的基础性科研项目，如美国在搞的人类基因项目。中国应当在诸如治疗艾滋病和癌症等方面设立一些高水平的项目，广泛吸引世界各国人才参与研究，共享成果；应当由科技部出面组织一次征集影响人类未来发展重大项目的活动，筛选出一批有价值、有重大影响的项目列为中国项目。

四、新型工农城乡关系：比翼齐飞

党的十八届三中全会提出到 2020 年形成以工促农、以城带乡、工农互惠、城乡一体的新型工农城乡关系。这一提法的形成是 30 多年改革开放发展的结果。

早在改革开放初期，邓小平就提出，应先从农村开始进行改革，因为"农村人口占我国人口的 80%，农村不稳定，整个政治局势就不稳定，农民没有摆脱贫困，就是我国没有摆脱贫困"。江泽民同志十分重视城乡协调发展问题。在 1995 年 9 月党的十四届五中全会闭幕式的讲话中，他提出要正确处理好第一、二、三产业的关系，逐步形成同社会生产力水平相适应的一、二、三产业的合理结构。这是各国经济发展的普遍趋势，我国也不例外。处理好一、二、三产业的关系，既有利于经济的协调发展，也有利于社会的稳定，"建立健全农业社会化服务体系，引导二、三产业加强对农业的支持，形成'以工补农、以工建农、以工带农'的机制。"党的十六大报告提出："统筹城乡经济社会发展，建设现代农业，发展农村经济，增加农民收入，是全面建设小康社会的重大任务。以胡锦涛为总书记的中央领导集体把建设社会主义新农村作为战略任务，把走中国特色农业现代化道路作为基本方向，把加快形成城乡经济社会发展一体化新格局作为根本要求，坚持工业反哺农业、城市支持农村和多予少取放活方针，推动农村经济社会又好又快发展。"党的十八大提出："加快完善城乡发展一体化体制机制，着力在城乡规划、基础设施、公共服务等方面推进一体化，促进城乡要素平等交换和公共资源均衡配置，形成以工促农、以城带乡、工农互惠、城乡一体的新型工农、城乡关系。"如何形成这样一个新型城乡关系？

2015 年 11 月 2 日，中共中央办公厅、国务院办公厅印发的《深化农村改革综合性实施方案》专门强调了健全城乡发展一体化体制机制问题，指出：城乡发展一体化是解决我国"三农"问题的根本途径，必须坚持工业反哺农业、城市支持农村的基本方针，协调推进城镇化和新农村建设，加快形成以工促农、以城带乡、工农互惠、城乡一体的新型工农城乡关系，努力缩小城乡发展差距。

第一，完善城乡发展一体化的规划体制，构建适应我国城乡统筹发展的规划编制体系，用带有更强约束力的规划来促进城乡发展一体化。

第二，完善农村基础设施建设投入和建管机制，加快基础设施向农村延伸，探索建立城乡基础设施和公共服务设施互联互通、共建共享的机制，使农村基础设施建设、维护的水平逐渐向城市看齐。

第三，推进形成城乡基本公共服务均等化的体制机制，主要是两大机制、四个制度和一个标准，即完善县域城乡义务教育资源均衡配置的机制，建立城乡统筹的公共文化服务体系建设协调机制，整合城乡居民基本医疗保险制度，健全全国统一的城乡居民基本养老保险制度，推进最低生活保障制度城乡统筹发展，规范基本公共服务标准体系，促进城乡区域标准水平统一衔接可持续。

第四，加快推进户籍制度改革，促进有能力在城镇稳定就业和生活的常住人口有序实现市民化，逐步实现基本公共服务对常住人口的全覆盖。

第五，完善城乡劳动者平等就业制度，保障城乡劳动者平等就业的权利，加强覆盖城乡的公共就业创业服务体系建设。

第六，消除城乡信息差别，使城乡居民共同享有信息化发展的成果。正如习近平主席 2015 年 12 月在第二届世界互联网大会上所讲：中国正在实施"宽带中国"战略，预计到 2020 年，中国宽带网络将基本覆盖所有行政村，打通网络基础设施"最后一公里"，让更多人用上互联网。为了打通网络基础设施"最后一公里"，2013 年 8 月，国务院印发了《"宽带中国"战略及实施方案》的通知，描绘了未来一个时期我国宽带网络发展的目标，指出：到 2020 年，我国宽带网络基础设施发展水平与发达国家之间的差距大幅缩小，国民充分享受宽带带来的经济增长、服务便利和发展机遇。宽带网络全面覆盖城乡，固定宽带家庭普及率达到 70%，3G/LTE 用户普及率达到 85%，行政村通宽带比例超过 98%。城市和农村家庭宽带接入能力分别达到 50Mbps 和 12Mbps，发达城市部分家庭用户可达 1 吉比特每秒（Gbps）。宽带应用深度融入生产生活，移动互联网全面普及。技术创新和产业竞争力达到国际先进水平，形成较为健全的网络与信息安全保障体系。

五、两型社会建设：山清水秀

节约型社会是指一个社会在生产、流通、交换、消费等诸多领域，通过采取各种措施，提高资源使用效能，以较少的资源消耗获得较大的综合收益；环境友好型社会是指一个社会，其生产与生活过程的持续进行是以对生态环境变化有益而无害的方式为前提的。

2005年5月，国务院发布《关于做好建设节约型社会近期重点工作的通知》，提出：加快建设节约型社会，在生产、建设、流通、消费各领域节约资源，提高资源利用效率，减少损失浪费，以尽可能少的资源消耗，创造尽可能大的经济社会效益。《通知》还提出了建设节水型社会的要求。2005年10月，党的十六届五中全会通过的《中共中央关于制定国民经济和社会发展第十一个五年规划的建议》，第一次提出了"建设资源节约型、环境友好型社会"的思想。《建议》明确指出："发展循环经济，是建设资源节约型、环境友好型社会和实现可持续发展的重要途径。坚持开发节约并重、节约优先，按照减量化、再利用、资源化的原则，大力推进节能节水节地节材，加强资源综合利用，完善再生资源回收利用体系，全面推行清洁生产，形成低投入、低消耗、低排放和高效率的节约型增长方式。积极开发和推广资源节约、替代和循环利用技术，加快企业节能降耗的技术改造，对消耗高、污染重、技术落后的工艺和产品实施强制性淘汰制度，实行有利于资源节约的价格和财税政策。"①2010年10月，党的十七届五中全会通过的《中共中央关于制定国民经济和社会发展第十二个五年规划的建议》，提出加快建设资源节约型、环境友好型社会：面

---

① 《十八大以来重要文献选编》（中），中央文献出版社2006年版，第1072—1073页。

对日趋强化的资源环境约束，必须增强危机意识，树立绿色、低碳发展理念，以节能减排为重点，健全激励和约束机制，加快构建资源节约、环境友好的生产方式和消费模式，增强可持续发展能力。

党的十八大以来，新的中央领导集体十分重视两型社会建设。2013 年 7 月 22 日，习近平总书记到武汉市民之家考察两型社会展览。看到武汉城市圈两型社会试验区取得很多进展，习近平总书记很高兴。他说："两型社会建设意义重大，是发展的内在要求。我们不能照搬发达国家现代化模式，因为地球没有足够资源支撑。必须走自己的道路，对人类有所贡献。"党的十八届五中全会提出了绿色发展的理念：绿色是永续发展的必要条件和人民对美好生活追求的重要体现。必须坚持节约资源和保护环境的基本国策，坚持可持续发展，坚定走生产发展、生活富裕、生态良好的文明发展道路，加快建设资源节约型、环境友好型社会，形成人与自然和谐发展现代化建设新格局，推进美丽中国建设，为全球生态安全作出新贡献。

第一，做到"三个最严格"：实行最严格的水资源管理制度，以水定产、以水定城，建设节水型社会；实行最严格的环境保护制度，形成政府、企业、公众共治的环境治理体系，改革环境治理基础制度，建立覆盖所有固定污染源的企业排放许可制，实行省以下环保机构监测监察执法垂直管理制度；坚持最严格的节约用地制度，调整建设用地结构，降低工业用地比例，推进城镇低效用地再开发和工矿废弃地复垦，严格控制农村集体建设用地规模。

第二，使生产绿色化，在所有产业中都要实施绿色化战略，降低能耗、水耗和其他资源消耗。实施一个计划和一个行动：实施循环发展引领计划，推行企业循环式生产、产业循环式组合、园区循环式改造，减少单位产出物质消耗；强化约束性指标管理，实行能源和水资源消耗、建设用地等总量和强度双控行动。实施全民节能行动计划，提高节能、节水、节地、节材、节矿标准，开展能效、水效领跑者引领行动。

第三，生活绿色化。不断提高人们的环境意识，使个人和家庭在生活中注意养成节约的意识和习惯。加强资源环境国情和生态价值观教育，培养公民环境意识，推动全社会形成绿色消费自觉。

第四，环境绿色化。做好绿化工作，推进艺术化的绿化工作，使绿化不仅美观，而且能够美化人心。

第五，制度绿色化。就是降低行政成本和制度成本。（1）节约制度成本。国家治理必须融入节俭的理念。这几年我们在这方面做了大量工作。为了有效降低行政成本，反对浪费，2014 年 9 月，中央出台了《关于全面推进公务用车制度改革的指导意见》，要求围绕建设节约型、廉洁型机关的要求，坚持社会化、市场化方向，转变传统的公务用车运行管理方式，并要求中央和国家机关公务用车改革在 2014 年底前完成。2014 年 12 月，国家发改委、住建部根据中央精神发布《党政机关办公用房建设标准》，针对政府大楼超标违规建设现象，首次明确规范机关办公用房，规定：中央机关及省级机关基本办公用房建筑面积小于（等于）6000 平方米，市级机关建筑面积控制在 4000 平方米；县级机关在 2000 平方米。（2）节约行政成本。2014 年 10 月 8 日，《人民日报》发表的《党的群众路线教育实践活动取得实实在在成效》一文，列举了教育实践活动的实效：清理清退公务用车 11.4 万多辆，调整清理办公用房面积 2227.6 万平方米，停建楼堂馆所 2580个；压缩"三公"经费 530.2 亿元，减少因公临时出国（境）2.7万多个批次、9.6 万多人；叫停"形象工程""政绩工程"663个；清理清退"吃空饷"人员 16.2 万多人。

2015 年 9 月，中共中央、国务院印发的《生态文明体制改革总体方案》规定：到 2020 年，构建起由自然资源资产产权制度、国土空间开发保护制度、空间规划体系、资源总量管理和全面节约制度、资源有偿使用和生态补偿制度、环境治理体系、环境治理和生态保护市场体系、生态文明绩效评价考核和责任追究制度等八项制度构成的产权清晰、多元参与、激励约束并重、系统完整的生态文明制度体系，推进生态文明领域国家治理体系和治理能力现代化，努力走向社会主义生态文明新时代。

六、学习型社会：能力制胜

早在 1968 年，美国学者罗伯特·哈钦斯就提出了学习化社会的概念。1972 年联合国教科文组织所属的国际教育发展委员会发表了《学会生存——教育世界的今天和明天》报告书，特别强调终身教育和学习化社会两个概念，把学习化社会作为未来社会形态的构想和追求目标。1995 年欧盟发表了《教与学：迈向学习化社会》白皮书，由此学习型社会作为一种全新的社会发展理念，在国际社会受到广泛重视。1996 年国际 21 世纪教育委员会向联合国教科文组织提交的报告《教育——财富蕴藏其中》，认为"21 世纪是人类迈向学习型社会的世纪"，"终身学习是打开 21 世纪光明之门的钥匙"。

中国领导人一直关注国际社会的这种变化。2001 年 5 月，时任国家主席江泽民在亚太经合组织人力资源能力建设高峰会议上的讲话明确指出："构筑终身教育体系，创建学习型社会。"党的十六大第一次提出建设学习型社会的思想，并把它作为全面建设小康社会的重要组成部分。十六大报告指出："人民享有接受良好教育的机会，基本普及高中阶段教育，消除文盲。形成全民学习、终身学习的学习型社会，促进人的全面发展。"胡锦涛同志多次论述建设学习型社会，他指出："要坚持把教育摆在优先地位，保障教育公平，构建健全的教育体系，建设学习型社会，促进全民族素质不断提高。"2010 年 10 月，党的十七届五中全会通过的《中共中央关于制定国民经济和社会发展第十二个五年规划的建议》提出：积极发展学前教育，巩固提高义务教育质量和水平，加快普及高中阶段教育，大力发展职业教育，全面提高高等教育质量，加快发展继续教育，支持民族教育、特殊教育发展，建设全民学习、终身学习的学习型社会。

党的十八大以来，习近平总书记对于学习型社会高度重视。2013 年 9 月 25 日，习近平总书记在联合国总部举行的"教育第一"全球倡议行动一周年纪念活动发表的视频贺词中指出：中国将坚定实施科教兴国战略，始终把教育摆在优先发展的战略位置，不断扩大投入，努力发展全民教育、终身教育，建设学习型社会，努力让每个孩子享有受教育的机会，努力让 13 亿人民享有更好更公平的教育，获得发展自身、奉献社会、造福人民的能力。习近平总书记还引用一些数据和事例来说明问题："有人研究过，18世纪以前，知识更新速度为 90 年左右翻一番；20 世纪 90 年代以来，知识更新加速到 3 至 5 年翻一番。近 50 年来，人类社会创造的知识比过去 3000 年的总和还要多。还有人说，在农耕时代，一个人读几年书，就可以用一辈子；在工业经济时代，一个人读十几年书，才够用一辈子；到了知识经济时代，一个人必须学习一辈子，才能跟上时代前进的脚步。"什么是学习型社会？如何建设？

第一，通过学习，丰富知识。这是学习型社会的基本要求。我们这个时代，知识每天都会发生海量变化，每天不学习，就感觉到跟不上时代变化。我们必须每天勤奋学习，否则就会被时代抛弃。比如，美国《科学》杂志 2015 年 12 月 17 日公布了其评选的 2015 年十大科学突破，其中一些突破会改写经典教科书的论断：（1）脑内也有淋巴管：淋巴系统是一个网状的液态系统，能帮助清理人体废弃物并运输免疫细胞。2015年，科学家在实验鼠的脑内发现连接免疫系统的淋巴管，颠覆几十年来教科书中"脑内没有淋巴管"的旧观念。（2）连爱因斯坦都不愿意承认的量子纠缠状态获证实：这一概念是指空间上分离的两个粒子可互相影响，无论它们之间的距离是多少。测出一个粒子的性质，就可立即判断另一个粒子的性质。爱因斯坦拒绝接受这种"幽灵般的远程效应"，因为这与他提出的没有任何物质的运动速度可超过光速的理论产生冲突。但2015年科学家通过实验证实了量子纠缠状态。（3）地幔柱存在证据被找到：有关地幔柱是否存在已争论了40年，支持者认为地幔柱把地心热量输送到地表，可解释夏威夷火山形成于地壳板块中部的原因。2015年，科学家利用改进的地震波成像技术绘制出迄今精度最高的地球内部模拟图，发现了28个地幔柱存在的证据。这些地幔柱宽达800公里，是此前预测的3倍多，因此地核冷却模型可能需要修正。

第二，通过学习，匡正我们头脑中一些错误的观点，使我们能够走在正确的认知道路上。比如，曾经有一种观点说：我虽然不爱社会主义，但我是爱国的。从表象上讲，似乎有些道理，但深入分析，这种观点是站不住脚的。你不爱社会主义的祖国，你爱什么样的祖国？祖国不是一个抽象的概念，而是由具体社会形态、社会制度构成的实体。祖国是与一定的社会形态紧密联系在一起的，只有先进的社会制度，才能使一个国家真正成为人民安居乐业的地方。在当代中国，祖国的繁荣发展是与中国特色社会主义联系在一起的，爱祖国就应当爱中国特色社会主义。随着经济全球化的深入发展，还有一种观点流行着：全球治理正在替代民族国家。有的学者宣称：民族国家已经过时，民族国家正在终结。有的学者甚至提出必须建立世界政府，"没有世界政府，世界共同体就缺乏优先考虑和有义务照顾普遍利益的全球制度"。

在他们看来，民族国家即将消失，什么社会主义、资本主义，什么共产党、社会民主党都已经不重要了。现实真的是如此吗？并非如此。进入21世纪第二个十年后，一些国家出现的悲剧就说明了这一点。没有先进政党的领导，没有先进社会制度的优势，在风云变幻的经济全球化时代，国家就可能被肢解、被削弱，就会因为外部势力的干预而导致民众大量流离失所，祖国就会成为一个遥远的梦想。叙利亚自2011年内战爆发以来，已经有超过30多万人在战争中丧生，400多万叙利亚人逃往国外，国内还有1000多万人流离失所。很多在国外的难民每天都在祈祷尽快结束战争，企盼早日返回家园与亲人团聚。中东地区乱象丛生的时候，中国这边是风景独好。尽管中国的发展遇到了下行压力等一系列问题的挑战，但人民安居乐业，各方面事业蓬勃发展。什么原因？很重要的就是我们有共产党的正确领导，有中国特色社会主义道路的强大基石。

第三，通过学习，形成分析问题解决问题的能力。通过学习，掌握科学的方法论。比如掌握统筹兼顾的方法，善于从整体上把握和解决问题。可以把市场经济与社会发展结合起来，利用市场手段解决社会问题。党的十八届五中全会提出：探索对贫困人口实行资产收益扶持制度。2015年12月中央发布的《关于打赢扶贫攻坚战的决定》第12条指出：探索资产收益扶贫。在不改变用途的情况下，财政专项扶贫资金和其他涉农资金投入设施农业、养殖、光伏、水电、乡村旅游等项目形成的资产，具备条件的可折股量化给贫困村和贫困户，尤其是丧失劳动能力的贫困户。资产可由村集体、合作社或其他经营主体统一经营。要强化监督管理，明确资产运营方对财政资金形成资产的保值增值责任，建立健全收益分配机制，确保资产收益及时回馈持股贫困户。支持农民合作社和其他经营主体通过土地托管、牲畜托养和吸收农民土地经营权入股等方式，带动贫困户增收。贫困地区水电、矿产等资源开发，赋予土地被占用的村集体股权，让贫困人口分享资源开发收益。

第四，通过学习，吸收借鉴中国历史上优秀的治国经验，推进国家治理体系和治理能力现代化。2014 年 10 月，习近平总书记在主持中央政治局就我国历史上的国家治理进行第十八次集体学习时，强调对绵延五千多年的中华文明应该多一份尊重和思考，提出对古代的成功经验要本着择其善者而从之、其不善者而去之的科学态度，为推进国家治理体系和治理能力现代化提供有益借鉴。2014 年 9 月，中共中央总书记、国家主席习近平在纪念孔子诞辰 2565 周年国际学术研讨会暨国际儒学联合会第五届会员大会的讲话中，概括了中国优秀的传统思想文化。他指出：世界上一些有识之士认为，包括儒家思想在内的中国优秀传统文化中蕴藏着解决当代人类面临的难题的重要启示，比如，关于道法自然、天人合一的思想，关于天下为公、大同世界的思想，关于自强不息、厚德载物的思想，关于以民为本、安民富民乐民的思想，关于为政以德、政者正也的思想，关于苟日新日日新又日新、革故鼎新、与时俱进的思想，关于脚踏实地、实事求是的思想，关于经世致用、知行合一、躬行实践的思想，关于集思广益、博施众利、群策群力的思想，关于仁者爱人、以德立人的思想，关于以诚待人、讲信修睦的思想，关于清廉从政、勤勉奉公的思想，关于俭约自守、力戒奢华的思想，关于中和、泰和、求同存异、和而不同、和谐相处的思想，关于安不忘危、存不忘亡、治不忘乱、居安思危的思想，等等。他还强调，这些思想可以为治国理政提供有益启示。

七、三型政党：勇立潮头

2009 年 9 月，党的十七届四中全会提出要建设马克思主义学习型政党。党的十八大提出建设学习型、服务型、创新型马克思主义执政党。2014年5月，中共中央办公厅印发了《关于加强基层服务型党组织建设的意见》。

第一，建设马克思主义学习型政党，就是要把学习科学理论和先进知识在全党形成制度、形成风气，就是要以有效的学习提升党的创新能力，增强党的生机活力，为国家治理指明正确方向和提供强大精神力量。我们所要建设的马克思主义学习型政党，应该是高举中国特色社会主义伟大旗帜，坚持推进马克思主义中国化并自觉用以指导实践的政党；是目光远大、胸怀宽阔、善于总结经验、善于吸收一切人类文明成果的政党；是始终走在时代前列，勇于变革、勇于创新，永不僵化、永不停滞的政党；是学以立德、学以增智、学以创业，在学习意识、学习能力、学习成效上引领全社会全民族的政党。归根到底，应该是科学理论武装、具有世界眼光、善于把握规律、富有创新精神的马克思主义政党。建设马克思主义学习型政党，要牢固树立辩证唯物主义和历史唯物主义世界观和方法论，更要系统掌握中国特色社会主义理论体系。

第二，建设服务型马克思主义执政党，就要从各个方面提供一流的服务，使国家治理的效能大大提高。《关于加强基层服务型党组织建设的意见》指出，"建设基层服务型党组织，要坚持服务改革、服务发展、服务民生、服务群众、服务党员。服务改革，就是贯彻落实党中央关于全面深化改革的重大决策部署，做好宣传引导、统一思想工作，协调处理改革涉及的群众切身利益问题，组织动员广大党员和群众理解改革、支持改革、参与改革，为推进改革贡献力量。服务发展，就是深入贯彻落实科学发展观，凝聚发展力量，营造发展环境，提供发展动力，促进经济持续健康发展。服务民生，就是贯彻落实党的惠民利民政策，为谋民生之利、解民生之忧创造条件，为解决群众上学、看病、就业、养老、住房等实际困难提供服务，推动基层社会治理创新，主动化解社会矛盾，促进社会和谐稳定。服务群众，就是自觉践行党的根本宗旨和群众路线，既认真倾听群众意见，维护群众利益，按照群众的需求和意愿提供服务，又充分运用民主协商、耐心说服和典型示范等方法教育引导群众，团结带领群众共同创造幸福美好生活。服务党员，就是尊重党员主体地位，保障党员民主权利，健全党内激励关怀帮扶机制，从思想、工作、生活上关心党员，尤其要帮助老党员、生活困难党员和流动党员解决实际问题，增强党员的归属感、光荣感、责任感，激发党员服务群众内在动力。"

第三，建设创新型马克思主义执政党，就要求我们党不断推进实践创新、理论创新、制度创新，使国家治理始终保持一种生机与活力。马克思主义执政党的一个重要特征就是始终走在时代前列，始终有一种创新的动力。2015 年 2 月 14 日，在陕西考察调研的习近平总书记来到延安杨家岭，瞻仰中共七大会址。在瞻仰会址时，习近平总书记强调，我们党之所以能够历经考验磨难无往而不胜，关键就在于不断进行实践创新和理论创新。党的十八大以来，我们党的理论创新步伐随着实践的发展不断推向深入。2014 年 12 月，习近平总书记在江苏调研时提出了"四个全面"战略布局，一年来，习近平总书记围绕着"四个全面"战略布局阐发了一系列重要思想。2015 年 9 月，中央文献研究室编辑出版了《习近平关于协调推进"四个全面"战略布局论述摘编》，摘录了截至 2015 年 9 月 3 日的 287 段论述。《摘编》集中反映了习近平总书记关于"四个全面"战略布局的科学内涵。（1）"四个全面"战略布局，既有战略目标，也有战略举措，是两者的有机统一。2015 年 2 月 2 日，习近平总书记在省部级主要领导干部学习贯彻十八届四中全会精神全面推进依法治国专题研讨班开班式上的讲话中指出："党的十八大以来，党中央从坚持和发展中国特色社会主义全局出发，提出并形成了全面建成小康社会、全面深化改革、全面依法治国、全面从严治党的战略布局。这个战略布局，既有战略目标，也有战略举措，每一个'全面'都具有重大战略意义。全面建成小康社会是我们的战略目标，全面深化改革、全面依法治国、全面从严治党是三大战略举措。"（2）"四个全面"战略布局是坚持问题导向的治国理政新方略。2015年3月29日，习近平总书记在会见博鳌亚洲论坛第四届理事会成员时指出："两年多来，我们立足中国发展实际，坚持问题导向，逐步形成并积极推进全面建成小康社会、全面深化改革、全面依法治国、全面从严治党的战略布局。这是中国在新的历史条件下治国理政方略，也是实现中华民族伟大复兴中国梦的重要保障。"（3）"四个全面"战略布局是实现中华民族伟大复兴中国梦的理论指导和实践指南。2015年4月28日，在庆祝"五一"国际劳动节暨表彰全国劳动模范和先进工作者大会上的讲话中，中共中央总书记、国家主席习近平指出："党的十八大以来，党中央从坚持和发展中国特色社会主义全局出发，提出并形成了全面建成小康社会、全面深化改革、全面依法治国、全面从严治党的战略布局，确立了新形势下党和国家各项工作的战略目标和战略举措，为实现'两个一百年'奋斗目标、实现中华民族伟大复兴的中国梦提供了理论指导和实践指南。"（4）"十三五"时期我国发展必须坚持"四个全面"战略布局。党的十八届五中全会强调，"十三五"时期我国发展的指导思想是：高举中国特色社会主义伟大旗帜，全面贯彻党的十八大和十八届三中、四中全会精神，以马克思列宁主义、毛泽东思想、邓小平理论、"三个代表"重要思想、科学发展观为指导，深入贯彻习近平总书记系列重要讲话精神，坚持全面建成小康社会、全面深化改革、全面依法治国、全面从严治党的战略布局，坚持发展是第一要务，确保如期全面建成小康社会，为实现第二个百年奋斗目标、实现中华民族伟大复兴的中国梦奠定更加坚实的基础。

八、新型城镇化：以人为本

党的十七届五中全会指出：推进以人为核心的新型城镇化。提高城市规划、建设、管理水平。深化户籍制度改革，促进有能力在城镇稳定就业和生活的农业转移人口举家进城落户，并与城镇居民有同等权利和义务。2014 年国务院发布的《国家新型城镇化规划（2014—2020 年）》指出：城镇化水平和质量稳步提升。城镇化健康有序发展，常住人口城镇化率达到 60% 左右，户籍人口城镇化率达到 45% 左右，户籍人口城镇化率与常住人口城镇化率差距缩小 2 个百分点左右，努力实现 1 亿左右农业转移人口和其他常住人口在城镇落户。

第一，推进新型城镇化就要促进常住人口的市民化。现在，按照常住人口计算，我国城镇化率已经接近 55%，城镇常住人口达到 7.5 亿。问题是这 7.5 亿人口中包括 2.5 亿以农民工为主体的外来常住人口，他们在城镇还不能平等享受教育、就业服务、社会保障、医疗、保障性住房等方面的公共服务。应当突出解决好这一问题。

第二，推进新型城镇化就要实现《国家新型城镇化规划（2014—2020 年）》规定的主要目标：（1）城镇化格局更加优化。"两横三纵"为主体的城镇化战略格局基本形成，城市群集聚经济、人口能力明显增强，东部地区城市群一体化水平和国际竞争力明显提高，中西部地区城市群成为推动区域协调发展的新的重要增长极。（2）城市发展模式科学合理。密度较高、功能混用和公交导向的集约紧凑型开发模式成为主导，人均城市建设用地严格控制在 100 平方米以内，建成区人口密度逐步提高。绿色生产、绿色消费成为城市经济生活的主流，节能节水产品、再生利用产品和绿色建筑比例大幅提高。城市地下管网覆盖率明显提高。

(3) 城市生活和谐宜人。稳步推进义务教育、就业服务、基本养老、基本医疗卫生、保障性住房等城镇基本公共服务覆盖全部常住人口，基础设施和公共服务设施更加完善，消费环境更加便利，生态环境明显改善，空气质量逐步好转，饮用水安全得到保障。

(3) 城镇化体制机制不断完善。户籍管理、土地管理、社会保障、财税金融、行政管理、生态环境等制度改革取得重大进展，阻碍城镇化健康发展的体制机制障碍基本消除。

第三，推进新型城镇化就要提高城市规划、建设、管理水平。2015 年 12 月中央城市工作会议提出了五个统筹：统筹空间、规模、产业三大结构，提高城市工作全局性；统筹规划、建设、管理三大环节，提高城市工作的系统性；统筹改革、科技、文化三大动力，提高城市发展持续性；统筹生产、生活、生态三大布局，提高城市发展的宜居性；统筹政府、社会、市民三大主体，提高各方推动城市发展的积极性。

第三章
改变生活的新兴产业："互联网+"

随着云计算、大数据等新一代互联网技术的出现，互联网与其他产业结合的广度和深度出现深刻变化，"互联网+"应运而生。"互联网+"的概念由易观国际董事长兼首席执行官于扬在2012年11月参加易观第五届移动互联网博览会的发言中首先提出。它是指"以互联网平台为基础，利用信息通信技术与各行业的跨界融合，推动产业转型升级，并不断创造出新产品、新业务与新模式，构建连接一切的新生态"。"互联网+"的本质是虚拟经济与实体经济的深度融合，主要体现为新的范式革命和新一代基础设施的出现：一是以"云、网、端"为代表的新一代信息基础设施建设不断加速，使原有基础设施不断升级，为新一代互联网与传统产业融合提供了基础；二是网民数量迅速提升与信息技术指数增长趋势融合，共同造就巨大的规模效应，数据流动和信息交换的成本迅速下降，使互联网技术与传统产业融合的条件更加成熟。

一、"互联网+"的相关产业

"互联网+"现在已经开始渗透到经济体系与人们生活的方方

面面，在农业、工业、服务业方面都展现出很大的发展空间。在这里我们选取几个典型的领域进行研究。

（一）电商

电商的实质就是"互联网＋商业"，是最早出现的"互联网＋"形式之一。它就是借助互联网相关技术和平台，实现消费者和销售商之间虚拟的直接交易，通过快递等方式将商品直接送货上门的形式。电子商务早在 20 世纪 90 年代就开始出现，但是当时的电子商务和我们现在熟悉的淘宝、京东等概念不是一回事，广泛意义的电子商务包括 B2B、B2C 或 C2C 等方式，而我们现在通常强调的电商，主要就是指网络零售模式。

电子商务在我国发展很快，已经成为商业领域不可或缺的一个组成部分。据商务部测算，2014 年电子商务交易额（包括 B2B 和网络零售）达到 13 万亿元左右，同比增长 25%；2015 年电子商务交易额预计达到 20.8 万亿元，同比增长 35%，其中网络零售额达到 4 万亿元，年均增长超过 50%，位居世界第一，而同期全国社会消费品零售总额预计为 30 万亿元，网络零售所占比重已经超过 1/8。

电子商务尤其是网络零售的快速发展，已经深深改变了人们的生活方式。现在，大量的年轻人，已经习惯于足不出户的网络购物，因为网络购物可以在家就能慢慢挑选自己喜欢的商品，然后坐等快递上门，这一购物方式方便快捷。同时，随着网络购物相关制度的完善，无论是开发票、退货等制度都较为完善，人们的一些后顾之忧也随之消失。一些新的购物习惯已经慢慢形成，例如积攒相关的购物需求，选择"光棍节"（即 11 月 11 日）等特定日期进行集中购买，因为这些日子，购物会有较大折扣。现在，"双十一"已经成为网络购物的一个"狂欢节"，据统计，2015 年 11 月 11 日，阿里巴巴旗下各平台的总交易额超过 912 亿元，同比增长接近 60%；天猫 2015 年"双十一"的销售额已经达到 2009 年的 1800 倍，增长之迅速，可见一斑。当然，这种活动也有许多负面新闻传出，如许多商家先抬价然后在"双十一"再压价形成虚假优惠的假象；在此期间快递爆满，购物之后，要推迟好几天才能收到货物，影响了大家的购物体验，等等。但是不可否认，"双十一"购物已经成为电商的一大品牌，而且正走出中国，影响世界。巨大的销售额不仅引起国外媒体关注，将其称为"全世界重量级销售奇迹"，同时很多国外消费者也已经加入其中。据新闻报道，2015 年阿里巴巴的"双十一"销售活动，所涉及的国家和地区达到 232 个，不但国外消费者购买中国商品，也有近 3000 万中国消费者购买进口商品。阿里巴巴董事局主席马云表示，在未来 5 年内，"双十一"购物活动可能在东京、巴黎、纽约等发达国家大城市同步举行，"双十一"购物狂潮正有逐步扩展到全世界的趋势。

从对销售行业的影响来看，网络零售的极速扩张，正严重冲击实体销售部门，大量的时装实体店、超市等已经关门。同时，一些传统的销售巨头，也建立电子商务的销售渠道，如苏宁电器、国美电器等。但是，我们应该看到，实体店具有电子商务所不具有的优势，如直接面对商品获得有关商品的直接感受、享受购物的乐趣以及购物过程中伴随的饮食、娱乐活动等，所以传统实体店，只要针对消费者相关的购物相关需求变化，提供相应的服务，依然具有较强的生存空间。另一方面，关于电子商务所销售的产品中，有假货的问题已经引起广泛的重视，在我国假货生存的土壤还没完全消除的情况下，这个问题很可能会成为困扰网络零售健康发展的一个因素。

（二）互联网＋工业

我国非常重视互联网与工业的融合，强调工业化与信息化的

"两化"融合。在新一代互联网技术的推动下，工业发展的模式正不断更新变化。具体来说包括：一是企业运营模式的改变。采用传统发展模式的企业受到较大冲击，如曾经在移动电话行业占据绝对优势的诺基亚正面临着空前的经营困境，而新的工业运营模式正在不断出现，如小米手机的独特运营模式，使其在很短时间内就成为行业内的巨头。二是企业组织资源的方式发生了改变。新一代互联网使工业企业实现智能制造成为可能，即实现生产设备与人力资源的一体化，将自动化技术、传感技术、数字制造技术以及控制技术等各种新技术融合，实现涵盖产品设计、产品生产以及售后服务完整产业链的智能控制，保证人、财、物的优化利用与各种相关信息的集成，从而大幅提高生产效率。三是企业内部与外部界限、互联网企业与制造企业界限发生模糊。在新一代信息技术的应用普及之下，制造企业内部与外部之间的边界变得模糊不清，例如在供应链方面，现代信息技术使整个供应系统的效率发生深刻变革，企业内部创造的价值与外部创造的价值正在打通，产品经营与资本经营也在融为一体，这就导致企业内部和外部正加速结合，以资本模式衡量的企业边界正在模糊化。同时，由于互联网与工业的融合，互联网企业能够以很快的效率组合工业生产的相关环节从而进入工业制造领域，而工业制造企业也会因为向互联网领域延伸成为互联网企业，二者之间的界限正在消失。四是对企业创新的影响。一方面，在信息技术推动下，不同企业之间通过创新实现产品差异化的能力不断加深，同质化竞争的问题将不断减弱；另一方面，创新的各个资源已经摆脱了空间限制，可以实现虚拟合作，创新的门槛和合作机制发生变化。

从目前我国工业企业"两化"发展情况来看，很多企业依然没有领略到新的信息技术对工业生产的意义，信息化建设依然存在着"重形式，轻实质"的问题，这在很大程度上影响了"互联网＋工业"的发展。但是，抓住"互联网＋"快速发展的机遇，加快工业转型发展，是我们未来的工作重点，只有如此，才能适应新常态要求实现产业结构升级；同时，在这一过程中实现对发达国家企业的赶超，而不是发展差距的进一步拉大。

（三）互联网金融

所谓互联网金融，就是基于互联网平台的相关金融形式。从性质上说，它不同于资本市场的直接融资，也不同于间接融资，而是第三种金融方式，是一个新的金融业态。互联网金融的发展模式主要包括：第三方支付、众筹、信息化金融机构、虚拟货币以及 P2P/P2C 等等。

互联网金融相对于传统的金融方式，具有巨大的发展优势。第一，极高的融资效率。无论是传统的银行贷款，还是通过资本市场直接融资，其融资的过程都较慢，交易成本较高，从而拉高了资金需求方的成本，特别是对于短期的、临时性、紧急性的资金需求，传统的金融模式难以满足需要。而互联网金融，则具有融资快的优势，上述的各种需求情况均可得到较好的满足。第二，适应更广的融资领域。传统的金融机构，信息化进程缓慢，不能充分利用信息技术和信息资源，支持自身决策，其业务模式还停留在传统阶段。而互联网金融基于自身信息技术和大数据信息优势，能够利用各种不同的信息支持自身决策，从而更能发现各种市场机会，对经济发展提供金融支持。第三，互联网金融可以弥补我国现有金融体制下，一些较难解决的融资难题。囿于体制原因，我国传统金融体制普遍向国有企业、大企业倾斜，而更需要资金支持的小微企业则不能得到有效资金支持，特别是在经济发展环境较为困难的时期，越是需要资金支持的企业反而越得不到资金的现象十分突出，严重影响了我国实体经济发展。而互联网金融不存在体制障碍，可以有效解决这一问题。

影响互联网金融发展的主要因素是监管问题。如何建立科学有效的监管体制，实现互联网金融健康可持续发展，是摆在金融监管部门的一个难题。互联网金融并没有改变其金融的本质，且由于互联网平台的原因，监管难度更高。对此，监管部门必须坚持强化监管理念，不能因为产业处于发展起步期就采取自由放任的态度，而是要本着审慎监管、有效监管的原则，实现以监管促产业发展和业态创新。

从最近一段时间互联网金融的发展情况看，发生在 P2P 领域的拒绝兑付、"跑路"现象此起彼伏，引发社会广泛关注。其中影响比较大的包括涉及 400 亿元资金、20 多万投资者的泛亚日金宝，涉及资金高达 700 亿元的 e 租宝等。有数据表明，从 2015 年年初到年底，我国网贷新增平台达到 1827 家，而同期出现问题的平台数高达 843 家，可见出现问题的 P2P 不是少数。2016 年 2 月，新闻爆出某 P2P 平台的"跑路"公告，称自己"就是来骗钱的"，公开叫板投资者和相关管理部门，引起轩然大波。当然，这里不排除是该平台内部员工以此方式报复平台负责人的可能性，但是这一"叫板"背后折射出的 P2P 的风险监管问题确是不能忽视的。

在这种情况下，针对这一问题，相关主体纷纷采取了措施。例如，2016 年 1 月，农业银行出台了相关措施，要求立即关闭 P2P 相关接口，以免相关风险蔓延影响自身利益。而在地方政府层面，不少地方政府对 P2P 的相关项目已经采取暂缓措施；在中央层面，已经开始部署专门治理行动。整体来看，这些"跑路"行为，与相关部门的监管不到位有关。要保证互联网金融的健康发展，必须尽快出台合理的监管措施，避免这种"跑路"行为的蔓延。但是，这绝不意味着我们就要全面限制甚至禁止互联网金融的发展，从长远来说，互联网金融依然具有很大的发展空间，但是，相关监管措施必须到位，防止劣币驱逐良币现象毁了一个行业。

（四）互联网＋交通运输业

"互联网＋"对交通运输业的影响也很大。仅仅就出租车行业来说，目前互联网技术与出租车的结合，就已经深深改变了人们出行的方式，并对整个行业产生很大的冲击。如快的打车、滴滴专车等打车软件的盛行，能够有效节省人们等车所耗费的时间，已经开始培养人们出行时提前订车的习惯；而对出租车司机来说，通过这一方式，可以在一定程度上优化出车路线，提高运营效率。同时，"专车"这一运营模式在短时间内就得以快速发展，所谓专车模式就是向汽车租赁公司租下车辆，再由劳务公司派出司机，而平台将二者结合在一起，向顾客提供各种个性化高品质服务。由于我国出租车行业属于垄断性经营行业，出租车公司、司机与顾客之间存在着较为复杂的利益关系，虽然几经改革，也没有取得令人满意的效果。这一模式一经推出，运营优势就得以显现，对传统出租行业产生很大的影响。但是，应该看到，这一模式也存在许多缺点，如专车在很大程度上就是"黑车"，打车软件的盛行增加了出租车司机挑选顾客的行为，拒载率明显提升。在这一问题上，相关部门的监管还未完全到位，且不同监管部门之间，政策存在不衔接的问题。如2015年10月，交通运输部推出的《网络预约出租汽车经营服务管理暂行办法（征求意见稿）》就提出私家车在没有变更性质前禁止做专车，而几乎同一时期，上海交通委就向滴滴快的颁发了专车牌照，且私家车可以进入专车行列。这就要求相关部门必须对此问题进行合理监管，保证行业正常发展。

当然，"互联网＋"远远不限于出租车领域，其广阔的发展空间才刚刚显现。在不同交通方式的接轨方面，"互联网＋"将各种不同的交通方式连接起来，实现交通系统革命，这将给系统使用者提供高质量服务，大大方便出行。在货运与物流方面，以移动互联网为基础的货运网络，可以实现货运供需信息的及时对接，这将促使物流行业的运营模式创新，如货运企业的推广模式，以及在不同货运节点的整合基础上，实现车辆与资源优化整合的新型运营模式等。

（五）互联网＋农业

"互联网＋农业"并不是一个新鲜的话题，在以前笔者也曾经给大家粗略介绍过。最近两年，"互联网＋农业"又出现新的变化，有必要继续深入研究，对此问题的相关方面进行细致探讨。

从最早出现的"互联网＋农业"的形式来看，就是农产品通过互联网渠道进行销售。大家都知道，农产品整个生产链中，农民最无力控制的环节便是销售环节。传统上，我国农业采用自然生产方式，农民生产规模小，在销售方面的讨价还价能力、信息拥有量等方面都明显弱于销售商，而自身又缺乏销售的动力（产品量太少导致交易成本太高）及能力。在这种情况下，只能忍受销售商的压价行为，而从城市消费者购买农产品的价格来看，其市场销售价格远高于农民卖出价格，主要的利润由中间商赚得。对消费者而言，从市场购买农产品，不仅要担负起中间商环节的费用，还面临着对农产品质量和来源地信息的缺乏，无法做到放心消费。"互联网＋农业"能够将消费者和农产品生产者即农民直接联系起来，一方能够以高价卖出自身产品，一方能够买到放心的农产品，可谓皆大欢喜。

但是，"互联网＋农产品"的模式，受制于现在农业生产和经营的局限，让广大农民通过这一模式，销售自己产品，存在较大难度。例如，要大规模推广"互联网＋农产品"模式，就需要农产品在一定程度上实现标准化，包括产品的规格、生产要求、口味等方面。但是受制于当前农村经营的现状及农业生产的特点，标准化是很难达到的要求，如同一批农产品之间存在规格不一、质量有好有次的差别，而同一农户不同时间段种植的农产品也很难达到完全一致。在这些客观因素的限制下，现在"互联网＋农产品"的模式，虽然不少农户脱颖而出，但是就绝大多数农户来说，依靠这种方式依然存在一定困难。就这一行业整体发展情况看，虽然整体规模发展较快，依然处于探索发展阶段，尚未形成一批规模大、品牌强、影响力突出的经营商。

从目前发展情况下，电商巨头的介入已经成为"互联网＋农业"的一个发展趋势。在意识到农村与互联网结合所产生的巨大潜力之后，包括阿里、京东、苏宁、中粮等巨头纷纷抢滩农村市场。例如，京东目前已开业 26 家县级服务中心，招聘了近 2000 名乡村推广员；而阿里也不甘落后，目前已经启动了"千县万村计划"战略，预计未来 3 至 5 年内建立 1000 个县级运营中心和 10 万个村级服务站。虽然这些企业目前业务所覆盖的区域，与广大农村区域相比，比重还很低，但是以"互联网＋"的发展速度，相信未来不久，这一覆盖面将大大拓展。伴随着这些巨头的介入，农产品品牌问题将有望在他们的帮助下得到很大改善，农产品销售问题也随之发生较大变化。

另外，"互联网＋现代农业"已经成为"互联网＋农业"的发展趋势。《农民日报》2016 年 2 月 27 日报道，由郑州市相关部门开发的移动互联网旅游服务平台"郑州休闲农业"，已经在 2015 年 11 月正式上线。该平台是"互联网＋休闲农业"的新模式，目前已经整合了 200 多家休闲农业经营主体、5 条精品旅游线路、2 个大型景区全境漫游系统以及 10 余家园区电子地图导览，并已经形成最终消费体验。通过这一平台，能够将旅游者和农民直接连接，在提高消费者旅游体验的同时，提高农民收入，并有利于农村休闲旅游这一产业做大。从目前的情况看，这一平台还处于初步探索阶段，运营模式需要在未来实践中不断完善，但是其巨大的发展前景，已经吸引了众人的注意。

同时，"互联网＋农业"的模式将从农产品拓展到整个农业生产领域。"互联网＋"现在无孔不入，完全有能力覆盖从农业种植到销售到消费者手中这一完整的生产链。这将有助于提升农业生产的标准程度，降低农业生产的交易费用，从而彻底改变农业生产的面貌。

二、"互联网＋"还是"＋互联网"？

一段时间以来，有关"互联网＋"与"＋互联网"成为一个热门问题，引发了大家对"互联网＋"的本质与发展前景进行谈论与反思。其实，很多人对二者之间的差别及其背后的影响缺乏了解，在这里我们大致介绍一下。

（一）衍生关系的差异："互联网＋"与"＋互联网"的区别

区别"互联网＋"与"＋互联网"的关系的主要基础，是衍生关系的差异，说白了，就是在谁基础上增加的谁。"互联网＋"其实就是先有了互联网，然后在此基础上，发展相关业务；"＋互联网"是已经有了业务，把互联网业务引进来，进行改造。一般来说，"互联网＋"能够从无到有创造一个产业或者对传统产业产生革命性影响，这往往涉及业态创新，如电商，其实就是从无到有由互联网从业者创造出来的，它已经深深改变了相关产业的运营模式和大家的生活；而"＋互联网"就是我们常说的用互联网改造传统产业（或者说已经出现的产业），它能够对这一产业的运营效率产生影响，但是却很难彻底改变这个产业，或者说，这一改变是缓慢的、在短期内是有限的。

　　"互联网＋"与"＋互联网"实质上是互联网改变我们生产生活的两种模式。相对而言，"互联网＋"具有突出的技术优势、运营模式优势，其革命性的影响更为人们所重视。有的学者认为，"互联网＋"具备边缘进入、贴近用户、平台思路、喧宾夺主的四大特征①。顾名思义，边缘进入就是指"互联网＋"在介入某一业务领域时，并不是直接介入这一业务的核心环节，而是采用边缘环节进入，然后逐步向核心环节靠近。这也符合非专业从业者逐步进入不熟悉领域的规律。而贴近用户就是"互联网＋"的模式，直接面向消费者，而免去了中间环节，能够提升服务效率、降低成本，在发展潜力上还具备提供差异化服务的空间；平台思路就是"互联网＋"的经营者往往只提供平台，并不费心费力地重新投资相关实体业务，而是借助已有的资源，如"互联网＋出租车"模式中，经营者并不再去投资购买出租车、招聘司机等实体业务；喧宾夺主比较好理解，就是"互联网＋"的相关业务往往对这些领域产生重要影响，主导这一领域的运营模式变革。

　　比较之下，"＋互联网"要薄弱不少。从广泛意义上说，"＋互联网"这一进程早就进行20多年了，其影响不能说不大，但是它对整个产业的影响远远达不到革命性地步。我国很多企业在利用互联网改造自身业务方面依然存在重形式、利用层次浅的问题，还没有发挥出互联网应有的利用潜力。

　　（二）共同进步："互联网＋"与"＋互联网"应协同发展

　　在当前阶段，由于在业态创新方面具有突出优势，"互联网＋"吸引了更多眼球，相比较而言，"＋互联网"的光芒则暗淡得多。其实，盲目追求"互联网＋"而忽视"＋互联网"是绝对错

①"从跨界到颠覆"上海交大陈宏民谈互联网＋时代，《解放日报》2015年5月25日。

误的，二者应该协同发展，这样才能推进经济效率不断攀升。

一方面，"互联网+"能够创造比它破坏的原来业务更大的产值，成为大家的疑问，也引起大家的反思。从本质上说，"互联网+"在很多领域，如电商领域，仅仅是引起业态创新，而对产品生产自身的技术水平与效率影响不大。换句话说，电商在很大程度上，只不过是把传统销售行业的蛋糕抢了过来，它的兴隆伴随着实体店的衰退，对宏观经济来说，它创造的新价值并不大。同时，过分强调"互联网+"，容易产生一种误解，让大家忽略了真正地对生产过程产生影响的技术创新。

另一方面，"+互联网"发展空间其实非常大。目前，在工业生产领域最令人瞩目的德国"工业4.0"，在本质上就是"+互联网"，而它在发展潜力上非常大，很可能在工业生产领域掀起技术革命，彻底改变原有的生产模式，实现生产效率与差异化生产的颠覆性变化。其实，相对于美国追求互联网技术，追求信息产业发展，德国却更注重利用互联网、物联网等技术改造实体工业，这对于作为工业大国的中国，具有相当强的启示性。到现在为止，我们很多企业，还没有充分利用互联网及工业软件的发展潜力来提高生产效率，随着我国劳动力数量的绝对减少和劳动力成本的提高，改变这一现状显得非常急迫。

三、"互联网+"发展中存在的问题

"互联网+"在我国发展十分迅速，取得了显著成就，但是，也存在着一系列问题，阻碍了"互联网+"潜力的发挥和相关产业的发展。

（一）认识模糊：对"互联网+"认知不到位

虽然"互联网+"概念现在已经深入人心，但是对"互联网+"究竟是什么、有什么样的发展潜力、需要什么样的政策去扶持及规范，许多人依然缺乏清晰的认识。这在很大程度上阻碍了"互联网+"的发展。

一是许多经营者认知不到位。简单将"互联网+"作为一个改善自己经营的技术，而没有意识到它对自身业务的全面影响，导致在企业发展过程中，迷失在相关观念中，而不能采取与"互联网+"相适应的配套措施，使得"互联网+"的作用发挥程度十分有限。很多企业仅仅重视互联网及相关软件的外在形式，而没有把握其实质。

二是政府部门认知不到位，导致相关政策不能准确扶持和规范相关行业发展。许多政府部门的人员，在缺乏对"互联网+"全面认识的前提上，匆忙规划和扶持相关产业发展，结果导致不同行业之间，在产业发展上相互跟风，造成重复投资和产业雷同，妨碍了相关产业未来合理发展。同时，由于"互联网+"相关产业发展迅速，导致政策部门的人员，无法准备把握产业发展动态，加之"互联网+"往往伴随着从未出现过的业态形式，大家认识它需要时间，因而无法出台合理措施，及时引导相关产业合理发展，造成相关政策要么落后发展形势，要么没有落实到点子上，妨碍了相关产业健康发展。

（二）网速落后：妨碍"互联网+"发展的重要问题

虽然我国通信运营商方面几经调整，已经改变了某个大企业垄断主要市场的局面，形成包括移动、联通等多个寡头企业相互竞争的相对合理市场格局，但是与国外相比，我国网络服务依然存在突出的速度慢、价格高的问题。根据有关数据，2014 年我国网速居于世界第 80 名之后，第三季度平均网速仅为 3.4Mbps，低于全球平均网速，不仅远远低于多数发达国家，甚至低于马来西亚这样的发展中国家。而我国邻国韩国，网速高达 22.2Mbps，高居世界第一。这一状况引起了李克强总理的重视，在 2015 年 5 月

13 日的国务院常务会议上专门提到过此问题。①造成这一问题的原因，可能是国有企业之间的竞争并非真正意义上的市场竞争，还不能真正促进企业在服务方面下苦功夫。

"互联网＋"与网络服务之间存在着密切联系，可以说，网络服务是"互联网＋"发展的基础。根据中国互联网络信息中心发布的第 37 次《中国互联网络发展状况统计报告》，到 2015 年 12 月，中国网民规模达到 6.88 亿人，互联网普及率达到 50.3%；其中，手机网民规模达到 6.20 亿，占网民规模的 90.1%。可以看出，如此庞大的网络用户，在较低的网速和较高的价格之下，会对"互联网＋"的发展产生多么大的阻碍。其中，未来"互联网＋"发展的重要区域——广大农村地区，在互联网普及方面远远落后于城市。有数据表明，到 2013 年年底，农村互联网的普及率仅为 27.5%，而同期城镇达 62%。农村互联网普及率落后的原因在于，一方面是农村居住分散，网络相关的投资收益率比城市要低；另一方面，农村收入低，农民对网络服务价格比较敏感。

当然，网络服务速度慢、价格高的情况已经引起党中央的重视，相信随着相关措施的到位，这一状况将逐步得到缓解。

（三）进入障碍：相关改革不到位

虽然我国社会主义市场经济不断完善，市场机制所起的作用不断加强，但是在一些领域，尤其是服务领域，还存在国有经济独大、管理条块格局明显的状况。尽管国家出台了一系列政策促进民营及其他性质的企业进入，但是弹簧门、玻璃门等现象依然存在，部分领域进入障碍依旧存在。这对"互联网＋"企业的发展形成了障碍。

例如，在交通领域，出租车的相关机制严重限制了"互联网

---

①各国网速大比拼:中国网速慢收费贵,新华网,2015 年 5 月 15 日。

+"在本领域的发展。尽管"互联网+出租汽车"的商业模式在最近几年风生水起，但是要继续发展，已经触及目前出租车行业的固有利益格局，较高的进入障碍将迫使互联网企业与传统出租车公司合作，如果另起炉灶，利用社会车辆，则会有违规嫌疑。毫无疑问，如果互联网企业与出租车公司合作，那么其利润将大大侵蚀。

又比如，大数据产业的发展，需要相关数据部门能够无障碍地提供和共同分享相关数据，但是在现有体制下，无法达到这一目标。由于大数据产业的存在根基，就是海量数据，如果无法解决数据来源问题，大数据产业将难以快速发展。

四、相关措施：促进"互联网+"发展

根据我国"互联网+"发展的现状、存在的问题以及未来经济发展的趋势，我们认为，要促进"互联网+"的发展，需要从一系列方面采取措施。其中，有以下几个方面需要特别强调：

（一）强化政府作用：扶持和规范相关产业发展

未来"互联网+"的健康发展，需要政府在发挥市场决定性作用的基础上，不断根据这一新兴产业发展的需要，强化政府相关职能，不断扶持和规划相关产业发展。具体来说，包括以下几个方面：

一是强化监管职能，防止部分具有较高风险的行业发展失控，保证行业沿着健康轨道稳步前进。以互联网金融为例，要解决当前的问题，就需要政府各部门在统一研究问题的基础上，协调一致，制定一套可行的、严密的监管体系，保证各个部门在执法上的无缝合作和行动上的协调一致，切实将法律上和执法上的漏洞堵死。当前阶段，应在严厉打击涉嫌欺诈的"跑路"行为基础上，规范互联网金融行业的秩序，让正规经营的企业能够正常

发展。在监管问题上，要本着"宁可慢些，但要稳些"的原则促进产业的健康发展。

二是加强相关扶持措施的整合，不断提升政策动态有效性。目前，有关"互联网＋"产业发展的政策比较多，部分政策已经过时，部分政策没有落实到位，在这种情况下，政府部门应该加强相关措施的整合，及时废弃过时的政策，并根据形势发展需要，出台新的政策。由于"互联网＋"相关产业发展十分迅速，往往无法准确预测其发展轨迹，在这种情况下，就要不断提高政府政策调控的灵敏性和反应度，最终使政策动态有效性提升。

三是根据"互联网＋"发展的需要，及时改革那些阻碍相关产业发展的不利因素。当前阶段，就是应该继续加强对垄断领域的改革进程，不断强化市场在资源配置中的决定性作用的发挥。

（二）提高网络服务水平：借助国有企业改革

我国网络服务速度慢、收费高的难题，与网络供应商属于国有企业，缺乏有效机制激励促进其服务水平有关。随着党的十八届三中全会提出发展混合所有制经济，混合所有制已经成为国有企业未来改革的主要方向，2015 年 9 月出台的《中共中央、国务院关于深化国有企业改革的指导意见》使国企改革的措施更加细化。根据这一指导意见，国有企业分为商业类和公益类两类，根据这一划分标准，中国移动、联通等网络服务商属于商业类企业。通过相关的改革意见来看，很可能这一类型的企业将要通过股份制改革或者其他改革方式，促进其运营效率的提高。

这里要特别提到农村的网络服务水平问题。与城市相比，农村人均收入水平较低，农民对网络的价格更为敏感，而农村公共服务水平较差，信号差的问题在不少农村地区比较突出。对此也需要采取一些政策指施，引导网络运营商加强和改进农村服务供给，提高农村网络服务水平，从而促进"互联网＋农业"的发展及"互联网＋"其他领域在农村地区的发展。

（三）借助"大众创业、万众创新"的推动，不断优化创新与创业的社会氛围，完善创新金融支持体系

"大众创业、万众创新"是在我国经济已经进入转型期，创新驱动正逐步代替要素驱动成为推动经济发展的主要动力的大背景下提出的。这一政策体系的着眼点在于在创新成为时代主题的情况下，充分发挥我国庞大的人口和劳动力数量优势，尤其是全球数量最为庞大的人才资源优势，激发起全民创新和创业热情，在庞大的总人数基础上，保证一批创新和创业取得成功，进而推动经济快速发展。在推动"大众创业、万众创新"过程中，与技术创新相关的一系列因素均在相关政策措施中有所涉及，如果抓住这次机会，不断完善技术创新和创业的相关环境，则阻碍我国技术创新的一些深层次问题也有可能得到一定缓解。而在这样的氛围之下，"互联网＋"相关产业才能真正得到快速发展。

一是优化创新与创业的氛围。从国际经济发展历程看，最符合"大众创业、万众创新"所描述状态的历史时期是美国信息技术革命时期。那时，美国相关的创新和创业活动均十分活跃，一批批新企业成立，其中部分企业已经成长为现在的巨头公司，如谷歌公司。正是在不断地创新和创业的推动下，信息产业成为推动美国经济快速增长的主要推动力，美国经济迎来快速发展的时期，如1991—2000年的10年是美国成为经济发展的"黄金十年"，年均经济增长率达到3.5%以上，失业率则保持在较低水平。[1]而与美国信息技术革命的发展背景相似，当前"互联网＋"等不断催生各种新业态，各种新兴产业正逐步兴起，"大众创业、万众创新"

---

[1]http://finance.ce.cn/rolling/201502/17/t20150217_4621640.shtml,《美国经济启示录："新经济"崛起背后的逻辑》,2015年2月17日。

正是鼓励创新与创业结合发展。

与美国 200 多年的商业文化相比，我国市场经济文化发展不过 30 多年时间，创新与创业的健康文化还没形成。借助"大众创业、万众创新"的舆论宣传和在现实生活中的各种创新创业活动的直接影响，更多人将慢慢接受创新和创业的新文化，随着时间推移，这一文化有可能会脱离具体的政策措施而慢慢积淀下来，成为更深层次的社会文化的一部分。当然，在具体推行的过程中，我们也要注意，不要矫枉过正，将创新创业的文化演绎成浮躁的文化，而这将对长久的技术创新不利。

二是完善创新金融体系。美国创新创业能够得到快速发展，很大程度上得益于发达的创新金融体系。如下图所示，美国在技术创新的各个环节，均有相关的金融支持。正是发达的金融支持，保证了创新活动能够转化为创业，且大大提高了创业成功率。而与美国相比，我国的创新金融体系还不完善，尤其是创业活动，其支持力度更为薄弱。对此，我们可以借助于"大众创业、万众创新"活动，将着眼点放在加强创新创业金融支持体系上，这将对我国技术创新和创业活动具有重要影响，且其作用不仅仅体现在当前阶段。

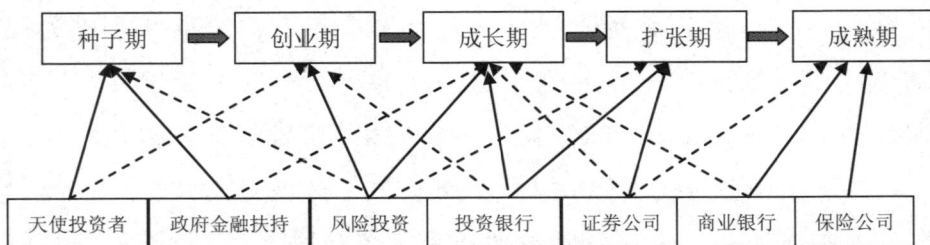

图 3-1 发达国家创新金融支持体系示意图

资料来源：李建伟：技术金融一体化形成机理及其政策含义，《中国科技论坛》2004 年第 3 期。

第四章
希望："大众创业 万众创新"

　　中国梦是在为 13 亿人找出路，改革开放也在为大众谋求未来。中国发展实践一再证明：大众之所为事无不成，万众之所举业无不胜。正如李克强总理所言："30 年前，中国农村改革之所以生机勃勃，就是通过实行家庭联产承包责任制，让'千家万户闯市场'；今天，我们鼓励千千万万人创业，这势将带动中国新一轮经济'破茧成蝶'"。作为世界上最大规模的就业、创造、创新活动，中国的发展得益于大众创新的引擎，人民创造的激情和万众创业奔小康的决心。今天，靠什么引领中国走向世界舞台的中心？需要找准新的经济发展动力；摸准"大众创业、万众创新"的脉搏；守住公平正义的底线；给予人人共享人生出彩的机会；政府担起创新创业的护航员；扫清"双创"道路的障碍。

一、引擎：经济发展新动能

　　当前中国处于重要战略机遇期，能不能把握住机遇，甚至化挑战为机遇，迎来中国发展的新高度，关键在于能否正确认识新常态、积极适应新常态、主动引领新常态，立足国际和国内两个大环境来把握中国当前和今后一个时期经济发展的大逻辑。在国际环境方面，世界经济复苏之力并不强劲，全球金融市场还存在动荡，国际贸易仍然在低位徘徊，中国出口相对乏力。在国内环境方面，我国正处于增长速度进入换挡期、结构调整面临阵痛期和前期刺激政策消化期的三期叠加情况下，外加人口红利减少，劳动力优势正在慢慢丧失，内需基本面向好，但总体依旧显得保守。在全面建成小康社会的军令状面前，中国如何确保"两个一百年"目标的实现，如何保持强劲、可持续、平衡增长的发展势头？必须尊重经济发展的客观规律，顺应经济发展方式的转变，解决爬坡过坎、啃硬骨头和拆利益固化的积弊等深层次矛盾。

在新常态下，为了适应经济发展呈现出来的速度变化、结构优化、动力转换等新特征，顺应增长速度从高速转向中高速，发展方式从规模速度型转向质量效益型，经济结构调整从增量扩能为主转向去库存、去产能、去杠杆的做优增量并举，从主要依靠资源和低成本劳动力等要素投入转向创新驱动、改革推动和劳动力素质提升。中央政府以极具前瞻性思维来研判发展大势、科学谋划未来，力争在高起点上凝心聚力、集思广益应对改革闯关，通过"大众创业、万众创新"来实现改革的全民参与、整体推进、协同发展。

能够激发民众斗志的改革，挖掘人民创造潜能的创新，才是最好的改革。党中央、国务院提出"大众创业、万众创新"就是为了应对经济下行压力，应对绿色 GDP 的新要求，应对调结构、转方式、去产能、消库存的经济发展新动力。习近平主席在 2014 年新年贺词中指出："我们推进改革的根本目的，是要让国家变得更加富强、让社会变得更加公平正义、让人民生活变得更加美好。"人民的事情既需要人民自己，也需要政府来引领激发大众创业激情，万众创新的热情。既要启动经济发展新引擎，也要把大众创业和万众创新放到促进社会公平正义、增进人民福祉为出发点和落脚点的发展逻辑中来对待。就业是民生之本，也是实现公平正义的重要抓手；创业是民生之利，也是促进公平正义的现实手段；创新是中华民族最深沉的民族禀赋，也是中国参与分享世界公平正义的保障。公平正义是社会主义中国革命、建设、改革发展的出发点和落脚点。无产阶级革命的目的是要让最大多数人获得最充分的公平正义，真正让人民当家做主人。越是人民做主，就越接近公平正义的本质规定。改革的目的是最终实现共同富裕，发展为了人民，发展依靠人民，发展成果由人民共享。建设与发展更需要"大众创业、万众创新"的无限潜能。百姓以业为基，有业方能乐业，国家以创新驱动为动力。"惟改革者进，惟创新者强，惟改革创新者胜"。为此，中央政府积极推动改革创新，倡导"大众创业、万众创新"。在大数据时代，"横穿大数据的风口，暴走云端"既需要创新创业者的勇气，更需要公平正义的环境，政府在简政放权上做好"减法"，在创业和创新服务上基于公平正义做好"乘法"，才能真正激发创业和创新的潜能，释放出新的经济增长能量，并通过发展更好地维护公平正义。"大众创业、万众创新"这篇发展大文章需以"创"为关键词实现视野破题，才能书写更多精彩篇章。

二、技术："双创"的灵魂

越是深层次、大范围的技术变革，越是需要全民动员。"大众创业、万众创新"的灵魂是掌握新技术，占领新高度。科技是国家强盛之基，大众是国家繁荣之托，创业是安身立命之基，创新是民族进步之魂。进入21世纪以来，新一轮以互联网科技为依托的科技革命和产业变革正在孕育兴起，全球科技创新呈现出新的发展态势和特征，服务业也随着这一轮的新技术革命而显示出许多新的特点。创业与创新，是改革开放中国38年的最生动写照，展示着中国蓬勃发展的活力在于大众创业的激情，成为世界第二大经济体的竞争力昭示着万众创新的价值。大众创新创业的激情高低，是中国发展快慢的分水岭、风向标。创业创新的激情高涨，经济发展势头就迅猛，创新创业的情绪低落，经济发展的势头就萎靡。一个面向 21 世纪并渴望引领世界发展潮流的中国，也必将依靠"大众创业、万众创新"的能力，向世界展示一个不仅仅靠勤劳勇敢创造过去的辉煌，还能依托创业和创新引领下一个"北京时间"和中国发展窗口。中国持续发展没有什么秘诀，就是中国人民的勤劳加智慧，以后还要更加突出创造。

新中国成立初期，西方敌对势力就唱衰中国，认为中国 6.5 亿人口的"吃饭"问题将压垮新生政权。我们靠什么挺过难关？靠什么在一穷二白的基础上建设起一个繁荣昌盛的国家？就是靠中国人民的创新力、创造力。38 年的改革史就是中国大众创业创新史。

创业创新缔造了中国的发展奇迹，为中国获得公平的国际地位创造了条件。创业创新成就了中国平等外交权、国际话语权、公正表达权。经济发展过程就是争取公平正义的过程，国家崛起造就公正博弈的赢家。中国能够成为推动国际形势健康发展、维护国际战略平衡的建设性力量，关键在于强大的民族创造力和丰厚的大众创新能力。俗话说，弱国无外交，弱国弱权利。大众艰苦创业、万众聚精会神搞创新使得中国人的国际尊严越发厚重，政治自信、制度自信、文化自信也不断变强。在当今世界，谁能书写世界的规则取决于其经济发展的效果，谁能规范世界秩序也取决于它在世界经济发展中的地位。没有 38 年中国的创新创业大发展，中国经济的腾飞，在获取国际公平正义和国际尊严的道路上，我们依旧会处于慢慢长夜的期待之中。没有大众创业创新、锐意改革奋进的拼劲，就没有中国今天的实际成就和国际地位。在未来世界发展之路上，中国能不能书写、甚至改写更加公平公正的国际规则，更是取决于中国的"大众创业、万众创新"的潜力发挥程度。

国家创新能力来自于人们的创业能力，大众创业能力来自于万众创新功底。"亚投行"成立、"一带一路"战略也是基于中国创新创造所积累起来的财富。离开了数以亿计中国普通大众的创新能力，创业能力就无从谈起。在创业实践中才有创新的可能，在创新的推动下创业才能更见成效。不管是获得国际交往的平等待遇，还是从容应对国际霸权甚至歧视，在很大程度上取决于我们在国际金融领域、制造业领域的地位高低，引领世界发展的能力的大小。不管是金融业、制造业还是引领世界发展的能力与成果，都是中国人不懈创新创造的结果。中国正在努力用发展提升发展中国家影响力，用创新致力于国家发展振兴、人民幸福，用实力推动实现国际社会公平和正义，维护世界和平稳定，积极推动平等协商集体制定国际规则。对内，保持经济平稳较快发展，社会生产力和综合国力显著提高，人民生活水平和社会保障水平显著提高。对外，作为推动世界经济增长的主要引擎之一，负责任的中国在实现本国经济持续健康发展的同时，也为各国创造更广阔的市场和发展空间。不断推动国际关系民主化，推动国际秩序朝着更加公平合理方向发展。

三、正义："双创"的价值

"大众创业、万众创新"作为富民之道、公平之计、强国之策，其中蕴藏着无穷创意和无限财富。能借助民智民力共创发展大势，能基于创业创新的平等舞台实现人生价值，能打通人才晋级通道，推进社会纵向流动，实现社会公平正义。正如习近平总书记所要求的那样，"要坚持社会公平正义，排除阻碍劳动者参与发展、分享发展成果的障碍，努力让劳动者实现体面劳动、全面发展"。今天，"大众创业、万众创新"不仅是增加就业、促进经济增长的重要手段，也是解决人人有饭吃的公平公正之需。俗话说："荒年饿不死手艺人""多一种技能就多一个门路、多一个饭碗"。当前中国用占世界 7% 的耕地养活占世界 20% 的人口，没有创新创业的新能量，中国发展就会面临很多困境。李克强总理指出，中国经济规模已居世界第二，基数增大，尤其是在经济下行压力加大的情况下，即使是 7% 的增长，年度现价增量也达到 8000 多亿美元，比 5 年前增长 10% 的数量还要大。保障经济平稳增长，激发市场蕴藏的活力，需要"大众创业、万众创新"。"大众创业、万众创新"能拓宽创业创新者的自由发展的空间。有助于调整收入分配，创造社会公平，让更多人富起来、实现人生价值，也让更多年轻人共享自由发展的广阔空间。"草根创业"的本质是疏通分配梗阻，冲破利益分配桎梏，获得更多公平待遇。中国有 13 亿多人口，约 9 亿劳动力，其中有各类专业技术人员和各类技能劳动者近 2 亿人，7000 万企业和个体工商户。通过激发大众智慧能升级"中国制造"，催发体力加脑力、制造加创造的创新创造创业热潮，一定能够形成"人人创新"的新态势，必然能培育打造新引擎，不断改造升级传统引擎，让中国发展创造更多价值，公平正义普惠更广人群，实现普遍的民众富裕，彰显更充分的公平正义。

实现社会公平正义是中国共产党人的一贯主张，是发展中国特色社会主义的重大任务。不管是改革、创新，还是发展、创业，都是通过挖掘、解放、发展生产力，通过实现共同富裕回归到公平正义的根本出发点和落脚点。邓小平很早就关注到共同富裕，他指出，"十二亿人口怎样实现富裕，富裕起来以后财富怎样分配，这都是大问题。题目已经出来了，解决这个问题比解决发展起来的问题还困难。分配的问题大得很"。中国财富的积累与分配，不能搞两极分化，社会主义与资本主义不同的特点是共同富裕，不是少数人富，大多数人穷。"社会主义本质是解放生产力，发展生产力，消灭剥削，消除两极分化，最终达到共同富裕。"推进"大众创业、万众创新"作为改革的重要举措，依旧是解放和发展生产力，创业创新的关键是发挥千千万万中国人的智慧，把"人"的主观能动性更加充分地调动起来。推进"大众创业、万众创新"，就是要充分尊重保障劳动者的平等权益，最大限度激发人的创造活力，吸引和激励更多人投身于创业创新，让人们在创业创新中获得应有的尊严，创造适度的财富，体现人生的价值，实现幸福生活，获得公正的社会地位。

实践证明，保持好效率和公平的适度平衡，才能最大限度地激发生产力。平均主义不能激发创业创新的活力，也不能实现真正的公平公正。财富的创造与分配不能搞大锅饭，干与不干一个样、干好干坏一个样、干多干少一个样，那是庸俗社会主义、庸俗平均主义。科学的财富分配方式既要注重激发大众创新创造潜能，通过劳动要素分配，又要兼顾公平。让人民通过创造创新共享改革的成果，让创业者积极投身于改革大潮，力争让新生的劳动力量立住脚跟，让创新者分享市场利润，让更多人看到希望，让每个人都享有人生出彩的机会，成就自己的事业，把单纯的"人口红利"转变成创新创造的"人才红利"，人人共享劳动机会，从而更好地实现人的全面发展，更好地维护公平正义。

从对公平和效率辩证关系的认识深化中不断给予"大众创业、万众创新"更多公平公正的机会。党的十三大明确提出"在促进效率提高的前提下体现社会公平"，注重效率是好事，但有可能对弱势群体参与创业，分享市场机会设置较高门槛；党的十四届三中全会提出"效率优先，兼顾公平"，能"兼顾公平"意味着市场经济的社会主义属性获得更多关怀，大众参与创业和创新的机会有了更多的保障；党的十六大报告在重申"效率优先，兼顾公平"的同时，强调了"初次分配注重效率""再分配注重公平"，再次分配借助于分配的杠杆，对弱势群体有了更多的照顾，在政策、市场准入等方面为百姓提供创新创业更多市场机会。党的十六届四中全会提出，"注重社会公平，合理调整国民收入分配格局"，适度的"抽肥补瘦"能为广大投身创业创新的群众提供更多平台和机会；党的十六届五中全会进一步明确提出"更加注重社会公平，使全体人民共享改革发展成果"，在发展机会、规则公平上大众获得了更多参与权；党的十六届六中全会提出在"经济发展的基础上，更加注重社会公平"，并强调"社会公平正义是社会和谐的基本条件，制度是社会公平正义的根本保证。必须加紧建设对保障社会公平正义具有重大作用的制度，保障人民在政治、经济、文化、社会等方面的权利和利益，引导公民依法行使权利、履行义务"。这表明社会公平不仅限于经济领域，其外延已经从分配公平扩展到政治、经济、文化、社会生活的方方面面，创新创业的公平性有了更多的制度和规则保障。党的十七大报告进一步指出"实现社会公平正义是中国共产党的一贯主张，是发展中国特色社会主义的重大任务"，并强调"初次分配和再分配都要处理好效率和公平的关系，再分配更加注重公平"，摒弃了"效率优先、兼顾公平"的提法，并指出"必须在经济发展的基础上，更加注重社会建设，着力保障和改善民生，推进社会体制改革，扩大公共服务，完善社会管理，促进社会公平正义"。从党的十三大以来，公平与效率关系的认识不断深化，这其中暗含着眼睛向下关注弱势群体参与共享发展成果的公正忧虑。党的十八大强调"要在全体人民共同奋斗、经济社会发展的基础上，加紧建设对保障社会公平正义具有重大作用的制度，逐步建立以权利公平、机会公平、规则公平为主要内容的社会公平保障体系，努力营造公平的社会环境，保证人民平等参与、平等发展权利"。平等的创业权、平等的发展权、平等的参与权，让公平正义的阳光普照中国，这是社会主义的本质要求。在当代中国，坚持发展是硬道理的本质要求，就是坚持科学发展，更加注重以人为本，更加注重全面协调可持续发展，更加注重统筹兼顾，更加注重保障和改善民生，促进社会公平正义。

四、机会：共享人生出彩

只有中国共产党领导下的人民共和国才能发出这样的召唤："生活在我们伟大祖国和伟大时代的中国人民，共同享有人生出彩的机会，共同享有梦想成真的机会，共同享有同祖国和时代一起成长与进步的机会。" 6.7 亿网友可以掀起舆论风暴，13 亿中国人更能制造创新风暴。借助于"互联网 +"，在大数据和云端技术的帮助下，只要"一机在手""人在线上"，就能发挥好"大众创业、万众创新"裂变价值。如果能最大限度地整合 13 亿人的力量，哪怕仅仅是 7 亿多劳动人口的力量，搭建起一个创业创新的大平台，实现信息资源的最大共享，供需的有效对接，创意的转化速度，那么，我们的创业创新一定会展现出别国没有的优势。一个人的力量是有限的，13 亿人的力量是无限的，13 亿人的创意则更为无限。共享人生出彩的机会就在创业创造中，引爆无限创意创造，才能带来无限美好的明天。如何在"大众创业、万众创新"中实现"人人皆可创新，创新惠及人人"的良性局面呢？

首先必须有机会公平。机会公平是起点公正的问题，在起点和机会的公平上，有些机会仅仅靠百姓自己去争取，而没有更多的政策倾斜，是争取不来的，需要政府在平等机会的释放和给予上创造条件。罗尔斯的公平正义观给我们提供了一些启示，机会公平意味着社会成员拥有某种共同资源的机会是平等的。那些具有同样能力和志向的人，不应当受到社会出身等因素的影响。创业创新的起点平等旨在减少或降低社会偶然性因素对人们生活前景的影响，确保具有相类似能力或才干的人都能拥有类似的初始资源与发展机会，是机会平等的核心要义，给予创新和创业主体在经济活动中不受歧视或一视同仁的对待，甚至一定程度的政策倾斜是非常必要的。

起点平等是结果平等的前提和基础，起点不平等必然加剧结果不平等，引发两极分化，破坏社会秩序。在创业、创新、就业的起点上保障平等，不仅仅是维护人的尊严和社会公正，也是保障每个人都享有生命权、健康权、受教育权和发展权的重要保障。在"大众创业、万众创新"实践中，中央政府正在通过简政放权的"减法"，借助高效改革释放政策红利，来实现更多的机会公平及促进创新创业"破茧成蝶"的"乘法"效果。起点公平已经为社会成员广泛接受，因为有一个起点上的同等机会，至少可避免因机会差别过大导致的失利，增大了通向成功的机会。

机会平等是一种期望，更是一种心理平等的预期，它是每个人平等发展权的底线保障。平等的教育机会、平等的人口自由流动机会、平等的竞争机会、平等的创业机会在机会平等中具有举足轻重的地位。但是，机会平等不等于每个人都能抓住机会，更不能左右结果平等，如个人的爱好、禀赋、信仰、健康程度、学习态度、进取意识等不同，即便给予同样的机会，也不可能得到同样的结果。机会平等是相对的，仅仅是实现社会公正的一个途径。能抓住机会并获得成功，需要个人付出巨大努力。

当前政府的"减法"正在释放更多公平机会。简化图章，优化流程，完善窗口服务，取消一大批行政审批、收费，为创业创新打破瓶颈、铺平道路、节省资金。按照"法无授权不可为""法无禁止皆可为""法定职责必须为"的原则，确定政府的"权力清单""责任清单"，保护好公平竞争的市场环境，消除各种隐性壁垒，营造创新创业的良性秩序，当好市场秩序的"裁判员"和改革创新的"守护神"，确保人们在平等的舞台上竞争。在创新创业的发展机会上，政府不仅仅要通过简政放权来创造平等的机会，还必须坚持以人为本，以广大人民群众实现全面小康为发展目标，"努力营造公平的社会环境，保证人民平等参与、平等发展权利"。中国各级政府正在努力营造鼓励人们干事业、支持人们干成事业的平等机会，让一切劳动、知识、技术、管理和资本的活力在平等的环境中竞相迸发，让一切创造社会财富的源泉在创业创新大潮中充分涌流，让机会平等激发更大的社会活力和创造力。没有平等的机会就谈不上共享。国家想变得更加富强需要激发"大众创业、万众创新"的新动能，社会变得更加公平正义，需要"大众创业、万众创新"起点公平，人民生活得更加美好，离不开起点的平等。由于过去存在教育不公平、城乡二元结构制造了一些不平等，需要一个政策消化期来弥补机会不公平的短板，在短期内甚至一个相当长时期内我们的国情决定无法实现完全的机会均等化，但均等化的目标必须确立，这是社会主义公平正义的内在要求。只有更大范围的实现创业创新机会平等，才能更好地体现公平正义。

五、规则："双创"的护航员

程序公平是实体公平之母，分粥或切蛋糕的故事告诉我们，分粥的人或者切蛋糕的人要等到其他人都挑完后才能取剩下的那份。这个规则体现了制度公平和程序公平。邓小平说，好制度能让坏人变好人，坏制度能让好人变坏人。在"大众创业、万众创新"的过程中，除了需要起点的机会公平，还需要规则公平和权利公平，而这些规则需要完善的制度来保障。

公平正义的制度不仅能促进经济发展，激发大众创业激情，而且能促进公平分配，保障每个创业者的平等权益。制度公平体现的主要是程序正义，它是其他实体正义的制度保障。实体正义包括权利公平、机会公平、分配公平等。对于"大众创业、万众创新"中的规则公平的实现，需要通过制度安排、法律规范、政策支持加以解决。如保护创业者的合法收入，调节过高收入，取缔非法收入，这些制度安排对于确保大众创业主体的平等权益，具有极端重要性。这就需要从起点、过程和结果上配套相应的规则公平的制度予以保障。

通过好的程序来分好"蛋糕"，才能借助合理的制度来做大"蛋糕"。要使发展成果更多更公平惠及全体人民，需要在创业创新过程中让劳动者学有所教、劳有所得。习近平总书记指出："不论处在什么发展水平上，制度都是社会公平正义的重要保证。"我们要通过创新制度安排，努力克服人为因素造成的有违公平正义的现象，在简政放权上打破部门利益，纠正扯皮推诿不作为，效率低下等不良现象。让制度和政策的形成经过严格、公正的程序，普惠平等大众，体现规则公平的最大公约数、共同参与性和公开科学性。在推动"大众创业、万众创新"的制度保障上，关键是深化体制机制创新改革。用规则公平点燃创新创业的火种，破除体制机制束缚，给创业创新者提供更多机会、更大舞台。这就需要政府进一步简政放权，哪里有不符合促进社会公平正义的问题，哪里就需要改革。加快完善创新激励政策，营造公平竞争的制度环境，制度和政策的制定必须基于利益最大化动机，兼顾每一个创业主体的基本权益。哪个领域哪个环节问题突出，就在哪个领域哪个环节重点整改，特别是在"双创"问题上由于制度安排不健全造成的有违公平正义的问题要抓紧解决，要为"大众创业、万众创新"提供兜底的程序正义保障。

规则公平要求在制度设计中必须以重视创业者的民主权利为前提。没有竞争规则的公平，起点的公平必将终止，结果公平就更无保障。规则公正就是要求每个创业者、创新者在实现自身价值的过程中应遵守同样的制度规则。规则公平能最大限度降低

"大众创业、万众创新"过程中的不公平现象，但还不能完全杜绝。规则公正侧重于制度设计的合理性，权利公正则体现出制度安排上的平等性与弱势补偿机制。规则公平、程序合理、过程公正，依然会存在结果不公平。一项公共政策要符合程序正义，就必须在酝酿、协商、权衡、起草、制定、执行、评价、反馈与终止的全过程中，依法、有理、有序做出政策选择。这也意味着，要在制度的设计环节上保证无瑕疵，就必须推进决策科学化、民主化，依法保障公民的知情权、参与权、表达权、监督权。

要维护每个人应得的权利，才能实现大众创业万众创新的权利公平。应得的权利也就是按照宪法和法律的规定每个人平等地行使权利。权利公平否认凌驾于法律之上或超然于法律之外的任何特权，它既要维护所有公民的合法权利，又要保障所有公民不会受到歧视，法律能够无差别地给予每个人救济与保障。当前，实现权利公平，必须优先照顾弱势群体的生存权。实现权利公平，首先就是要在人的最基本的权利上兑现公平。规则公平在为"大众创业、万众创新"保驾护航时要考虑"双创"群体的特殊性，规则制定过程必须带着价值倾斜，照顾好弱势群体。在社会主义初级阶段，一个规则的制定必然要求体现社会主义国家性质，体现对弱势群体的利益兼顾。在应对"大众创业、万众创新"时，应本着社会公正规则不同于自然进化中的物竞天择适者生存的自然选择，不是一种简单的优胜劣汰，而是要在一定程度上保证"优者不全能"和"劣者不能全汰"，控制"极优"是为了防止两极分化，帮助"极弱"是为了体现社会公正和制度的人性关怀，更是对生存权和发展权的基本保证。如对小微企业免征增值税和营业税优惠政策、免征管理类、登记类、证照类行政事业性收费政策、业务补助、增量业务奖励等措施、引导担保等政策，就是规则公平价值倾斜的结果。

六、障碍：扫除"双创"阻力

大众创业过程中，最害怕的是种种限制门槛，最期望的是各种政策的扶持；企业在弱小时期最担忧的是胎死腹中，万众在创新中最期盼的是平台；小微企业在爬坡时期，最苦闷的是没有资金，最雪中送炭的事情是真金白银的税收减免优惠政策。大众创业的意识在萌发期，创新的精神在温养期，小微企业成长发展的关键期，国家政策扶持应该多给油，而不能踩刹车挂倒挡。鼓励"大众创业、万众创新"，不扫除各种障碍，不铺平道理，不搭建平台，不提供支持，不扶持小微企业，"双创"的命脉就没保住。借助"双创"推动中国经济持续发展的这一招灵不灵，关键在于思想障碍和制度障碍如何清除。

第一，要扫除"大众创业、万众创新"的形式主义，杜绝地方政府在执行落实上的阳奉阴违，提高人民对"大众创业、万众创新"政策落实的满意度。创业要实，一阵风走过场要不得。创业创新要落地，要力争把创新成果应用到实实在在的产业活动中，放到大环境的发展规划中。鼓励"双创"必须尊重市场规律，不能违背基本市场供需规则，政府在扶持"双创"时也不能人为影响市场规律，更不能想当然地乱指挥，必须在"双创"支持上充分酝酿，反复论证，杜绝盲目上马项目。"全国大众创业 万众创新活动周""大众创业 万众创新月"都可以搞，但不能仅仅是一周、一个月搞创新，而是贵在积累，绩在持续，效果在久久为功。

根据"公共服务蓝皮书"课题组 2015 年 7 月前期的调查显示，在全国 38 个主要城市就"您所在的城市政府是否出台了扶持创业的政策，并进行了有效落实？"进行了 24549 份问卷调查，6 个选项中的结果分别是：选择"（1）没有"占 5.88%，选择"（2）有，但落实效果不明显"占 20.86%，选择"（3）有，感觉一般"

占 29.96%，选择"（4）有，落实比较有效"占 19.98%，选择"（5）有，落实非常有效"仅占 1.97%，选择"（6）不清楚"的占 21.35%。运用权重分析法，选择第一项赋一分，选择第二项赋 2 分，以此类推，加权计算最后得分，38 个主要城市的"大众创业政策的社会评价"[①]总体得分如下：

大众创业政策的社会评价					
排名	城市	满意度得分	排名	城市	满意度得分
1	杭州	51.53	20	乌鲁木齐	36.91
2	重庆	45.84	21	深圳	36.56
3	西安	45.03	22	海口	36.39
4	厦门	44.16	23	兰州	36.12
5	哈尔滨	44.12	24	济南	35.86
6	南宁	43.96	25	沈阳	35.80
7	北京	43.18	26	成都	34.38
8	贵阳	42.96	27	福州	34.19
9	珠海	41.72	28	天津	33.70
10	上海	41.59	29	呼和浩特	33.49
11	大连	41.50	30	太原	32.97
12	青岛	40.84	31	昆明	32.63
13	宁波	40.36	32	合肥	32.57
14	拉萨	40.21	33	石家庄	31.63
15	西宁	40.07	34	长沙	30.72
16	银川	38.28	35	长春	30.71
17	武汉	38.17	36	汕头	27.21
18	南昌	37.98	37	南京	27.18
19	广州	37.35	38	郑州	26.77

①钟君、吴正果主编：《公共服务蓝皮书——中国城市基本公共服务力评价(2015)》，社会科学文献出版社 2015 年版，第 225—226 页。

从这些主要城市情况看并不乐观，而其他二线三线城市落实情况如何，还需要进一步深入研究。从总体上看，杭州、重庆、西安、厦门、哈尔滨、南宁、北京、贵阳、珠海和上海等10个城市表现较好，应当对杭州、重庆等城市创业扶持政策落实情况进行调研，从而更好地指导全国落实"双创"工作。另外，"大众创业政策的社会评价"满意度"最好"和"最差"城市分值差距较大，这表明在公平公正落实扶持政策方面，存在很大地域和城市差别，落实"大众创业、万众创新"政策各级政府依旧还有很多工作要做。

第二，要纠正各种潜规则的创业歧视。当前在创业中性别歧视、年龄歧视、阅历歧视、学历歧视问题依旧存在。如农村户口、政治面貌为非党员的毕业生在就业竞争中处于明显弱势地位。"985"院校毕业生创业率低，这与其就业率高有关，而专科院校毕业生创业率较高则与其就业率低有关。《中共中央关于全面深化改革若干重大问题的决定》明确提出，规范招人用人制度，消除城乡、行业、身份、性别等一切影响平等就业的制度障碍和就业歧视。这样的政策还需要落地、消化到创业创新的毛细血管中。在创业审批、合作创业等方面，要进一步扫除障碍，清理制度陈规的掣肘和各种歧视行为，彻底清除"证明你妈是你妈"等错位的证件管理现象。在如何简化程序支持"双创"方面依然需要不断解放思想和简政放权。

第三，要扫除"大众创业、万众创新"的平台障碍，形成支持"双创"全链条无瓶颈的公正环境。我国现有创新系统中的支撑服务体系还比较零散和随意，"双创"的外部环境还很不理想，创业信心、创新保障、知识产权保护、成果应用、创新空间、融资、贷款等环节依旧存在很多脱节的情况。人民网调查显示，自由工作、可观收入、人生理想是促使大学生投身创业的三大动因。而不想创业则因"创业风险太大"和没有可行的创业项目占7成以上。教育部的一项报告显示，我国高校毕业生创业率平均不到 1%。有资料显示，河北省大学生创业的成功率只有 0.3%；最高的浙江省，成功率不过 4%；广东的成功率也只有 1%。而这项数据在美国则高达 30%。人民网调查显示，创业资金的来源为"父母、亲人"的占 5 成以上。从总体上看，创业率低，融资难，创新信心不足，创业成功率则更低。

为此，各地区、各部门应当加大政策落实力度，增强创业创新制度供给，完善相关法律法规、扶持政策和激励措施；着力解决资金需求、市场信息、政策扶持、技术支撑、公共服务等瓶颈问题；运用云端和大数据，引导互联网＋创业创新服务；简化工商登记制度，推进全程电子化登记和电子营业执照应用，重点解决小微企业创新发展问题。国务院要求扶持小型微型企业健康发展，加大微型企业孵化园、科技孵化器、商贸企业集聚区等建设的支持力度；进一步完善小型微型企业融资担保政策；推进小型微型企业信用信息共享，促进小型微型企业信用体系建设；大力推进小型微型企业公共服务平台建设，加大政府购买服务力度，为小型微型企业免费提供管理指导、技能培训、市场开拓、标准咨询、检验检测认证等服务。同时，进一步加强创新驱动发展顶层设计，协同推进科技体制改革与经济社会领域改革，在产权保护、维护公平、改善金融支持、强化激励机制、集聚优秀人才等方面积极作为，不断完善经济、产业、财税、金融、社会等政策的衔接配套，坚决破除阻碍"大众创业、万众创新"的"玻璃门""弹簧门"。

第四，积极营造创新文化，激发理性创业激情，用机会公平、规则公平、权利公平不断挖掘整合大众创业创新活力。创业创新正如邓小平所言："干革命、搞建设，都要有一批勇于思考、勇于探索、勇于创新的闯将"，没有一点闯的精神，没有一点"冒"的精神，就走不出一条好路，走不出一条新路，就干不出新的事业。作为经济发展新动能，"双创"也需要文化氛围的滋养。用创业精神、创业意识塑造创新文化，借"大国工匠"的工业精神营造创新氛围，宣传表彰创业创新模范，通过创业创新大赛激发创造潜能。作为创业主体，青年人最富创新梦想和激情，他们常说，"梦想还是要有的，万一实现了呢？""大众创业、万众创新"的热潮要在神州大地蓬勃发展，还需要整体创新文化氛围，机会公平、规则公平和权利公平的制度文化环境。

创业激情是创业活动的关键驱动力，没有激情则难以逾越创业过程中的重重困难。当前创业意愿与创业实践并不匹配，创业创新理念还没有深入人心，鼓励创新、宽容失败的良好环境尚未形成。应该在全社会营造"想创业、敢创业、会创业"的创业氛围；在民间激发最广泛的"创业热情"和"创业积极性"。既要大力倡导科学的创业创新精神，也要正面宣传机会公正、规则公正的制度保障氛围；既要弘扬"敢为人先、追求创新、百折不挠"的创业精神，又要夯实创新文化氛围，传播创新励志故事，评选创业创新的标杆人物，使创业创新成为全社会共同的价值追求和行为习惯，把创新、创业、创客种子在更大范围播撒开来。

第五，促进"大众创业、万众创新"需要教育改革和职业教育扶持，实现创业创新的教育公平。目前，我国创业教育培训体系还不健全，善于创造、勇于创业的能力不足。创业之路不是坐火车，想上就上，想下就下，用旅游的心态做不好创业，对一路上的艰辛除了需要创业者的心理准备，更需要政府在创业创新的职业教育培训上狠下功夫。需要教育主管部门前瞻性地研发适合高校毕业生特点的创业培训课程，根据需求开展创业培训；高校应有针对性地聘请专家学者、企业人力资源经理、优秀校友担任就业创业导师；传授创业精神、创业技能、创业实践的有关知识和经验。鼓励企业、行业协会、群团组织、天使投资人等以多种方式向创业大学生提供创业培训等援助；各地政府社区也应该有针对性开展创业培训。通过加强教育培训，努力营造一种鼓励个体创业、重视职业教育、崇尚职业技能、尊重技能人才的社会氛围。

第六，"三农"中的"双创"问题不能忽视。激发农民的创造、创新、创业活力，是"大众创业、万众创新"的生动局面的重要组成部分。李克强总理指出，改革创新是潜能最好的"挖掘机"，广阔的农村和内陆腹地，可以使经济梯度发展、渐次开花，蕴藏着巨大的发展潜能。要借助于城镇化、信息化、农业现代化契机，积极破解农业、农村、农民中的"双创"难题。中国农民不怕苦，缺少的是创业、创新的平台、平等机制。我国农村幅员辽阔，不同地区发展水平相差甚远，各地的资源条件与市场机会也千差万别，创业创新活动类型存在很大的差异。当前，对"三农"问题中非科技型创业支持力度明显不足，大量的农民工在城市工作，从事创业与创新活动，却难以享受城市居民的各种待遇，医疗、教育、养老都存在很大的制约，自由流动也明显受到限制。需要结合农村养老保险、农村医疗保险、农村最低生活保障、被征用土地农村居民生活保障进行因地制宜的创业创新引导。地方政府不仅仅要做好"减法"，还有做好因地制宜的"乘法"，街道、社区、乡政府、村集体需要担负起责任，积极寻找机会，扩大国际劳务输出，也是创业创新的补充手段。

第五章
绘就发展新蓝图："五大发展理念"

发展是我们党执政兴国的第一要务。习近平主席 2015 年 9 月在联合国发展峰会上指出："对各国人民而言，发展寄托着生存和希望，象征着尊严和权利。"当前中国面临的已经不是要不要发展，而是如何发展的问题，只有确立科学、稳妥、管长远、能持续的发展理念，才能有效应对各种新老发展难题。既要提高经济发展质量，又要降低发展的成本，真正实现经济的高质量、良效益、可持续、后劲足的健康发展。科学发展理念的形成本身就是对发展规律深刻把握的过程，从发展起步阶段致力于增加国内生产总值，到又快又好地发展中国经济，再到又好又快地战略调整，转方式、调结构，实现既要注重 GDP 增长，更要注重市场作用、民生改善、人民幸福、公平正义、社会进步、资源节约和生态效益提高。

一、一场伟大的创新："五大发展理念"的重大意义

实践是理论创新的先导，"五大发展理念"源于实践探索，体现时代要求，顺应民意呼声。时代的巨大变化和实践的重大发展是推动马克思主义创新发展的物质基础。发展进入新常态，就

需要认识新常态、把握新常态、理性对待新常态，从而引领新常态，掌控制胜新法宝，实现更高水平的新发展、新突破。新常态不是发展瓶颈，而是发展的新机遇，我们必须以重大问题为导向，抓住新常态、供给侧改革的关键要素，通过全面深化改革、全面依法治国来推动解决我国发展面临的一系列突出矛盾和问题。党中央从顶层设计上把握宏观发展脉络、瞄准重大战略部署、推出重大战略举措，在十八届五中全会上提出了"创新、协调、绿色、开放、共享"的五大发展理念，集中体现了以习近平同志为总书记的党中央对我国新的发展阶段性特征的准确研判和发展规律的深刻把握，极大丰富了马克思主义发展观，为我们党带领全国人民积极应对新常态，自信闯关改革破局，拓展中国发展的宽度和新境界指明方向，为夺取全面建成小康社会决战阶段的伟大胜利提供了强大思想武器和纲举目张的实践要旨，极具前瞻性地划定中国发展的红线、底色与绿线。

如何实现"两个一百年"的奋斗目标？如何实现国家富强、民族振兴、人民幸福的共同愿景？十八大以来，新一届中央领导集体继往开来，在科学发展观基础上进一步在聚焦发展灵魂、确立发展目标、寻找发展动力、科学布局发展、转变发展方式、创新发展机制、打破发展壁垒、顺应发展态势等方面提出了一系列新理念、新战略，谋划发展新格局。坚信只有发展才能实现中华民族伟大复兴的中国梦；唯有发展才能让中国更加接近世界舞台中心，也只有发展才能登上世界舞台的中心。大国需要大发展理念、大格局规划、大蓝图设计。"一带一路"战略、"亚投行"建设、京津冀协同发展、长江经济带建设、重振东北重工业、自由贸易区建设等，就是发展的大格局规划；全面建成小康社会、全面深化改革、全面依法治国、全面从严治党就是大手笔绘就的蓝图，"四个全面"战略布局从目标、动力、保障、保证四位一体的多维坐标，确保全面建成小康社会奋斗目标到 2020 年如期实现，在新中国成立一百年时建成富强民主文明和谐的社会主义现代化国家。

作为战略性、纲领性、全局性的"五大发展理念"，是我们党厚植于伟大社会主义实践，应对国内国际发展新阶段，回应人民群众关切，把高瞻远瞩的顶层设计和总结人民群众创造的丰富实践有机结合而提出来的，它体现了党对中国特色社会主义发展规律的新把握和新高度。"十三五"期间要遵循这个理念，中国未来的发展，更要遵循"五大发展理念"，这是中国特色社会主义理论的新发展，科学发展观的新概括。创新、协调、绿色、开放、共享五大发展理念之间各有侧重、又有机统一，创新是中华民族最深沉的民族禀赋，是引领经济社会发展的根本动力；协调是用弹钢琴的手段为经济社会持续健康发展谱曲，是克服短板实现和谐发展的内在要求；绿色是中国新旧发展模式交替的分水岭，是实现生产发展、生活富裕、生态良好的文明发展道路的必然选择；开放是中国对世界的姿态，是国家繁荣昌盛、合作共赢的现实路径；共享是社会主义公平正义的本质规定，是中国特色社会主义的内在要求。

《中共中央关于制定国民经济和社会发展第十三个五年规划的建议》指出："坚持创新发展、协调发展、绿色发展、开放发展、共享发展，是关系我国发展全局的一场深刻变革。"深刻变革在于这个顶层设计的发展理念管全局、管根本、管方向、管长远，这场深刻变革是应对发展新阶段和新难题的自我革命，是中国共产党领导中国人民站立在 21 世纪新高度上，对我们的发展思路、发展思维、发展方向的变革，发展模式、发展方式的变革，发展体制机制的变革，也是对发展战略的调整变革。党中央通过对改革开放 38 年我国发展经验的集中总结，立足于对共产党执政规律、社会主义建设规律、人类社会发展规律的深刻认识，聚焦"十三五"时期和我国未来发展难题，提出了"五大发展理念"。"五大发展理念"所描绘的"十三五"时期乃至未来中国发展的蓝图，思路更宽广，视野更深邃，方向更明确，重点难点更具体。唯有通过更高质量、更多创造、更高效率、更优组合、更公平正义、更可持续的发展，才有崛起的明天。创新发展致力于挖掘新动力，激发新潜能，开发新智慧；协调发展致力于调结构、去产能、去库存、降成本、补短板；绿色发展致力于解决人与自然之间的和谐问题；开放发展致力于寻求中国活路和如何避开死路的关系问题；共享发展致力于如何解决社会公平正义人人共享发展成果的问题。归根到底，"推动体制机制和发展方式的战略性转变靠'创新'；实现全面系统的发展靠'协调'；科学处理发展与生态保护之间的关系靠'绿色'；顺应经济全球化趋势，提升开放型经济发展层次靠'开放'；提升人民群众的获得感和幸福指数靠'共享'"[①]。

二、创新：驱动发展的内核

生产力发展水平是测评经济社会发展动力的核心指标，当今主导国家发展命运的决定性因素依旧是社会生产力发展和劳动生产率的提高。而生产力能不能发展，生产率能不能提高，在什么程度上发展提高，归根地底是这个国家能够释放出来的创新能力是多少。放在生产关系的视野中来理解，就是创新发展能力对于社会制度完善的助力是多大，中国特色社会主义发展理念中的创新发展，目的在于推动中国特色社会主义向更高境界、更深层次的发展迈进，为中华民族开启创新发展之旅，为中国在世界技术

---

①李鸿忠：五大发展理念是马克思主义发展观的重大创新，《光明日报》2015年12月03日第1版。

竞争中赢得更广空间，为中国特色社会主义奔向光明灿烂美好明天奠定更加坚实的物质基础。创新发展摆放在"五大发展理念"的首位，解决的是中国特色社会主义建设的动力问题。只有立足于创新发展的基点，站稳创新的引领高度，缔造中国"智造"的无限神话，才能不断地缩小与发达国家的差距。习近平总书记指出，"科技创新是提高社会生产力和综合国力的战略支撑""必须把发展基点放在创新上""必须把创新摆在国家发展全局的核心位置"。

创新发展缔造了中国发展奇迹。改革开放 30 多年来，我国实现了科技水平整体跃升，已经成为具有重要影响力的科技大国，科技创新对经济社会发展的支撑和引领作用日益增强。在一些关键领域已经占有了一席之地，如毛细血管蜿蜒在神州大地和异国土地的高铁技术、具有完全自主知识产权的中低速磁浮技术、中国航天技术、隐形战机、大型运输机从试验到量产、蛟龙号 7000 米深潜、中国 4G 通信技术、全球重要通信设备制造商、中国的工程施工技术、桥梁隧道施工技术、建港筑坝工程技术等等都处于世界领先水平。正是这些技术创新缔造了中国发展奇迹。

创新发展铺就了中国未来路径。创新是引领发展的第一动力。"创新"一词在《中共中央关于制定国民经济和社会发展第十三个五年规划的建议》中出现了 71 次，如此高频次出现，也足以显示党中央对于"创新发展"的重视，要求搭建起理论创新、制度创新、科技创新、文化创新的立体创新格局。全面建成小康社会、实现"两个一百年"奋斗目标、实现中华民族伟大复兴，都必须靠创新发展注入新的动力。"让创新贯穿党和国家一切工作，让创新在全社会蔚然成风。"不断在实践中创新变革，探索前进，永不自满，永不懈怠，是我们要长期坚持的治党治国之道和发展之要。

创新发展面临一些难题和阻碍。邓小平说过："过去我们讲先发展起来，现在看，发展起来以后的问题不比不发展时少。"在发展的新时期、新高度，也有新问题，"与硅谷地区出生在海外的从业人员达到36%的比例相比，中关村的外籍从业人员仅为0.7%。数量差距的背后是国际视野的人才理念差距"①。单位产能成本高，资源利用率比较低，对化石燃料依赖度高，产能过剩严重，环境污染加剧，雾霾问题突出，生态系统退化等问题没有得到根本性扭转。

深入实施创新驱动发展战略。在全面建成小康社会进入决胜阶段，在经济结构性改革的关键时期，不创新则走向死路，不发展就是倒退。习近平总书记说："抓创新就是抓发展，谋创新就是谋未来"。当前，尽管面临诸多矛盾叠加、风险隐患增多的严峻挑战，新常态对发展设置了一些约束变量，我们也要有信心来主动迎接新常态、积极应对新常态，从而引领新常态，应对各种风险和挑战，在风险中抓住机遇掌控命运。正如"十三五"规划指出的，我国经济长期向好基本面没有改变，我国发展仍处于可以大有作为的重要战略机遇期。形势逼人，难题考验人，我们必须增强紧迫感，强化创新的使命感。只有不断推进科技创新，突破思想桎梏，打破僵化教条，顺应解放和发展社会生产力要求，不断提高劳动生产率，才能实现经济社会持续健康发展。不能紧紧抓住机遇，及时确立正确的发展战略，不积极掌握瞄准未来发展的核心技术，不强化自主创新能力，就肯定无法在新一轮全球科技竞争中获得主动权。技术变革牵动产业革命、思想观点变革，技术创新也会引发新产业和新的创新理论、创新意识的形成，全球科技创新必将引发新的产业生态，促成新的发展态势。

---

① 王安顺：凝聚建设全国科技创新中心的强大合力，(《人民日报》2014年9月27日第5版。

变革创新发展思维。充分认识到科技创新在全面创新中的引领作用，就如同网络技术引发的"互联网＋"一样，当今世界经济较量，比起自我封闭的传统时代，更加白热化，思维方式也要随之变化。国与国之间的彼此依存度加大，竞争性加强，就像电子产品更新换代一样，新技术不断替换旧技术；智能型技术不断替代劳动密集型技术；瞄准未来若干领域的前瞻技术储备和竞争正在发达国家如火如荼地展开；中国的要素成本优势正在被西方的高产出挤压；高耗能、高污染等以资源消耗和环境损害为代价的不可持续的发展方式正在被低耗能、无污染的电子尖端技术取代；较多利用世界市场促进国内发展的观点，在国际经济低迷疲软中，必须转变到更多依靠内生动力实现发展；从过去较多利用出口和劳动力比较优势，转变为更多依靠扩大内需和创新驱动经济增长；从早期招商引资的超国民待遇的政策倾斜，向国际资金和国内资金一视同仁平等对待转变。

立足国家实际需要推进创新。第一，面向国家重大需求，跟踪全球科技发展方向，要面向世界科技前沿，前瞻未来科技走势，面向国民经济主战场，把握好重点和难点，聚焦关键领域。第二，搭建国家实验平台，实施一批国家重大科技项目，盘活机构、人才、装置、资金和项目，整合形成科技创新发展合力，精心规划推进，先跟进后赶超再领先，先模仿后消化吸收再创造，着力攻克一批关键核心技术。第三，招贤纳士，做好创新人才的前瞻性培养，激励引进创新人才。党中央要求，要抓紧修改完善相关法律法规，实施更加积极的创新人才引进政策。第四，推进便于创新的体制机制变革，释放有利于创新发展的制度红利，培育更多更好的创新环境，搭建好平台，提供好服务。第五，给予高校和科研院所更多的自主权，发挥好科研院所、高校的科研基础性研究和专项攻关优势。第六，强化企业创新主体地位和主导作用。

鼓励企业增加科研经费，建立研究攻关实验室和团队，致力于前沿创新研究。第七，着力扩大科技开放合作，积极鼓励创新研究的国际合作，通过跨国、跨区域搭建前沿学科、交叉学科研究平台。

三、协调：立于一隅谋全局

协调发展着重解决的是发展不平衡的问题，追求的是发展的整体协调推进，发展一隅而失去全局的掌控视野，必然失衡。古人讲："不谋全局者不足以谋一隅，不谋万世者不足以谋一时"。"梯度发展战略"和"非均衡发展战略"曾经都对推动国家经济增长发挥过很好的作用，但放在长远视野中来审视，就看到了所带来的"非均衡性""不协调"问题。在新的历史起点上，必须"增强发展协调性，必须坚持区域协同、城乡一体、物质文明精神文明并重、经济建设国防建设融合"[1]。协调发展是科学发展的重要思维方式，是中国共产党领导中国人民以经济建设为中心，统筹兼顾协调各方面发展的重要理念。

协调发展是要遵循经济规律的科学发展。稳增长、转方式、调结构战略的提出，是对经济建设规律不断深化理解的结果，目的在于通过全面深化改革来实现平衡发展。增强改革的系统性、整体性、协同性，本质就是要实现社会经济发展的整体平衡，以更理性和长远的眼光审视中国经济的"大平衡"，按照经济规律办事。有水分的增长、质量低的增长、耗能多的增长、不可持续的增长、产能过剩的增长、库存积压的增长、杠杆泡沫化的虚假增长等都是导致不协调、不均衡的病因。习近平总书记要求："增长必须是实实在在和没有水分的增长，是有效益、有质量、可持续的增长。"只有用经济规律来把握中国经济发展，才能处理好当

---

[1] 中共中央关于制定国民经济和社会发展第十三个五年规划的建议，《人民日报》2015 年 11 月 3 日。

前和长远、经济效益和生态效益的关系，才能处理好经济持续健康发展和生产总值增长的关系，才能让经济发展代价最小化。当前，那种把经济发展简单化为增加生产总值的狭隘思想依旧在一些地方领导干部的思想中潜藏着，时不时通过一些失败的不可持续、甚至破坏环境的项目展现出来。习近平总书记指出，"一个国家经济增长，有快有慢是正常的，不能说只能加速、不能减速，这不符合经济规律"，只要发展方向正确，向好的基本面没有变，动力依旧强劲，创新潜力巨大，就一定能在不断转变经济发展方式、不断优化经济结构中实现有质量的增长和可持续的发展。

协调发展是要尊重自然规律的可持续发展。"十三五"建议指出："发展不平衡、不协调、不可持续问题仍然突出，主要是发展方式粗放，创新能力不强，部分行业产能过剩严重，企业效益下滑，重大安全事故频发；城乡区域发展不平衡；资源约束趋紧，生态环境恶化趋势尚未得到根本扭转；基本公共服务供给不足，收入差距较大，人口老龄化加快，消除贫困任务艰巨；人们文明素质和社会文明程度有待提高；法治建设有待加强；领导干部思想作风和能力水平有待提高，党员、干部先锋模范作用有待强化。"这些不平衡、不协调和不可持续的问题，是中国经济发展的瓶颈，破解这些瓶颈，需要强化集约型发展、推动创新型发展、用市场手段引导去产能、遵循市场规律来消化库存、遵循生命第一以人为本的安全生产原则。提高资源利用率、处理好资源开采与环境保护的关系，处理好当代人开发利用资源环境不能剥夺子孙后代发展的权利的代际平衡问题。积极探索公共服务深度变革，实现城乡基本公共服务均等化，放开二胎政策，促进劳动力人口均衡，释放更多人口红利。"十三五"期间是全面建成小康社会的关键期，只有帮助7000万的贫困人口脱贫才是真正全面建成小康社会。社会主义精神文明建设和当前人民对社会文化的期待之间存在不平衡，必须通过社会主义核心价值观的教育和传播，让社会主义核心价值观如空气一样，无处不在，无时不有，努力提升全民族的精神文化品位和思想素质。要加强领导干部能力建设，领导需要在驾驭市场能力上有所突破，提高领导经济工作科学化水平，促进协调发展，解决不平衡等难题，要把领导经济工作的立足点转到提高发展质量和效益、加快形成新的经济发展方式上来，把化解产能过剩矛盾作为工作重点，为去过剩产能、消化库存提供符合市场规律的服务。

协调发展是要尊重社会规律的包容性发展。经济发展本质还是为了人的发展，协调好经济与社会之间的关系是社会主义市场经济发展的内在要求，只有遵循社会规律，使得经济发展与社会发展协调，才能实现和谐发展。

第一要促进区域协调发展，积极稳定推进城镇化。在城乡区域发展方面，过去欠账过多，发展不平衡不协调的矛盾依然比较突出。党中央要求，"要继续深入实施区域发展总体战略，完善并创新区域政策，缩小政策单元，重视跨区域、次区域规划，提高区域政策精准性，按照市场经济一般规律制定政策"。特别是为了更好整合区域资源，党中央提出了打破固定空间结构的动态区域发展新理念，如丝绸之路经济带、海上丝绸之路、中国（上海）自由贸易试验区、京津冀协同发展、长江经济带等，用新的水系坐标、文化坐标、经济区域坐标来牵引新区域发展。城镇化是现代化的必由之路。推进城镇化是协调解决城乡二元结构的重要支撑点，是解决"三农"问题的重要途径，也是推动城乡一体化、打破身份固化，促进区域协调发展的有力支撑。控制好特大城市的人口规模，促进大中小城市和小城镇协调发展，不搞"被上楼""阳台养猪"等不合时宜的城镇化闹剧，更加注重内涵式质量提升的城镇化道路。制定着力解决集中连片特困地区区域发展与扶贫攻坚规划，为 2020 年实现全面建成小康社会扫除盲区。

第二，要解决好贫富差距扩大的问题。国家统计局公布，2003—2008 年，中国基尼系数分别为 0.479、0.473、0.485、0.487、0.484 和 0.491。随后，自 2009 年开始逐年回落，分别为：2009 年 0.490，2010 年 0.481，2011 年 0.477，2012 年 0.474，2013 年 0.473，2014 年 0.469，实现连续六连降，但依然高于 0.40 的国际警戒线。"城乡二元结构"是造成贫富差距的一个主要制度因素，由此引发过去长期对农村人口的禁锢、现实农民工进城遭遇的种种不平等待遇，既不利于协调发展，且易于产生社会冲突。尽管近年来户籍制度改革的力度不断增大，但彻底消除城乡二元结构、缩小贫富差距还任重道远。必须从解决城乡二元结构入手，更加重视着力解决好两极分化的问题，兼顾公平和效益，在初次分配和再次分配环节，都要注意维护公平正义。

第三，物质文明和精神文明协调发展。要把道德滑坡放到中国经济大发展、成为世界第二大经济体、解放了生产力、激发了个人潜力的大背景下来看待，这才是辩证唯物主义的恰当视野。道德局部滑坡是经济深刻调整、社会急剧分化的副产品，改革开放大潮涌动中，个人主义有所抬头，道德教育有些忽视，一下子进入市场经济，很多道德规范和诚信体系还没有建立起来，但不能把局部道德失范理解为德治的失效。习近平总书记指出："当高楼大厦在我国大地上遍地林立时，中华民族精神的大厦也应该巍然耸立"。物质文明与精神文明协调发展，事关旗帜和道路，前途和命运，必须扬正气、促和谐、树新风、弘扬真善美、传播正能量，聚焦核心价值，扶正社会舆论。要把社会主义核心价值观具体化、形象化与生活化，除了主流媒体采取丰富多彩的形象宣传引导外，可以"运用社区市民学校、公益性文化单位、文化服务中心等阵地，通过经典诵读、道德讲堂、论坛讲座、展览展示等形式，培育诚信文化。创作弘扬诚信的影视剧、小说和戏曲等文艺作品，做好展演展示，用文化传播和滋养诚信价值理念"①。也可以将社会主义核心价值观的丰富内涵和实践要求充分融入农村思想教育、道德建设、科学普及、继续教育、生活娱乐等方方面面。还可以利用春节、清明节、端午节、中秋节等传统节日，开展内涵丰富、形式多样的群众文化活动；在纪念馆、博物馆、礼堂、小剧场等地点开辟教育基地；以电影、话剧、电视剧、畅销书等文化资源，来增强核心价值观认同、凝聚价值共识。从理论政策宣讲、乡风文明弘扬、文明礼仪教化、文化知识传授等多渠道，丰富和充实人民群众的精神世界。

第四，推动经济建设和国防建设融合协调发展。国防力量在和平时期也应该是生产力量，在维护和平中促进发展，在强军目标中灌输富国理念，依托驻地搞好军民关系、理顺军用民用关系，实现军民融合发展。

四、绿色：守着青山要银山

绿色发展要解决的是人与自然和谐问题，是发展的可持续性问题，也是中国经济社会发展最富无限生机的价值底板。大地是母亲，自然界是人类社会生存和发展的基础，如何"让居民望得见山、看得见水、记得住乡愁"，如何做到"既要金山银山，又要绿水青山"，在观点上如何把握好绿水青山就是金山银山？能不能做到像"保护眼睛一样保护生态环境，像对待生命一样对待生态环境"，关键在于对于绿色发展理念的认知和执行，能否按照"十三五"时期经济社会发展生态环境质量总体改善目标要求，有计划、分步骤地落实。

---

① 关于推进诚信建设制度化的意见，《人民日报》2014 年 8 月 2 日第 6 版。

绿色是永续发展和人民对美好生活追求的重要体现。美丽中国不能在画里，它应该在祖国的山山水水，江河湖海中，在广袤原野和故乡的小桥流水间。用绿色富国、绿色养民、绿色惠民、绿色蕴情。坚定走生产发展、生活富裕、生态良好的文明发展道路，让中国更美，经济更强，在永续发展中留下浓重的底色。节约资源、保护生态既是基本国策，也是一场革命。习近平总书记指出："建设资源节约型社会是一场革命。"①加快建设资源节约型、环境友好型社会，推动形成绿色生活方式、消费方式，实现人与自然和谐，为美丽中国添绿，为美化世界行动。

人与自然的和谐要从我们的观念革命开始。从对待环境的粗暴索取型理念转变到善待自然、尊重自然、顺应自然的亲近和谐型理念转变，是当前贯彻执行绿色发展的总开关。生态兴则文明兴，生态衰则文明衰。如何确保"绿水逶迤去，青山相向开"？如何让"苍山不墨千秋画，洱海无弦万古琴"的自然美景永驻人间？必须狠抓生态文明建设，追求人与自然的和谐相处，实现经济发展和生态建设的双赢。

第一，充分认识绿水青山就是金山银山。人无远虑，必有近忧，面对"生态系统被破坏造成的'神经性症状'，还有资源过度开发带来的'体力透支'"②，我们必须幡然悔悟，不能再走先破坏后治理的老路。我们至少要把保护环境放在与经济发展并重的位置，甚至更加看重绿水青山。

第二，倡导生态文化和生态理念。遏制和杜绝违法排污、违规建筑、乱砍滥伐、乱掘乱挖、乱捕滥杀，在制度和处罚之外，还要加强生态文化建设，在人们的观念中厚植生态价值理念和绿

---

①习近平：《之江新语》，浙江人民出版社 2007 年版，第 118 页。
②习近平：《之江新语》，浙江人民出版社 2007 年版，第 49 页。

色行为方式。

第三，树立大生态建设需要集约发展的新理念。必须综合运用以循环经济为核心的生态经济体系建设、以可持续利用的自然资源保障体系建设和以恢复山川秀美的生态环境体系建设。在整个产业链中，当前的生态建设已经不是农业农耕文明时代的生态建设，而是工业化链条中的一个环节，是科学发展系统中的一个部分。必须放到产业链条中整合考虑，放到环境与工业、农业、林业、渔业、养殖、旅游、采掘等多视野中审视，才能真正实现"资源节约、生态平衡、集约发展"。在国家和省域县域乃至乡镇的发展规划中，必须考虑到生态工业与清洁生产、生态农业与新农村环境建设、生态公益林建设、清水河道建设、生态环境治理、生态城镇建设、下山脱贫与帮扶致富、蓝天青山建设。

第四，必须大力倡导绿色低碳消费观念，使得节能、节水、节材、节粮，垃圾分类回收、减少使用一次性用品等，成为全社会的自觉行动。必须反对牺牲环境换取经济增长的索取型发展模式。必须走出先污染后治理或边污染边治理的发展怪圈，这样的发展，结果只能是吃了祖宗饭，断了子孙路，砸了自己碗。

绿色发展离不开顶层设计和制度保障。

第一，需要可操作、好执行的顶层设计。美丽中国建设，需要坚持节约优先、保护优先、自然恢复为主的方针。"十三五"建议提出：有度有序利用自然，调整优化空间结构，划定农业空间和生态空间保护红线，构建科学合理的城市化格局、农业发展格局、生态安全格局、自然岸线格局。设立统一规范的国家生态文明试验区。提出城市规划建设的绿色设计、施工标准；提出发展绿色金融，设立绿色发展基金；确立国土空间开发保护制度和土地利益红色制度；建立横向和流域生态补偿机制；建立重点生态功能区的转移支付激励制度;实施濒危野生动植物抢救性保护工程;建设清洁低碳、安全高效的现代能源体系;推行节能低碳电力调度;探索实行耕地轮作休耕制度试点;建立健全用能权、用水权、排污权、碳排放权初始分配制度;深入实施大气、水、土壤污染防治行动计划;实施新能源汽车推广计划;健全优先使用创新产品、绿色产品的政府采购政策。这些绿色发展的顶层设计,实现了政治性、学理性、前瞻性、可操作性的综合统一。致力于绿色发展,描绘环保蓝图,推进环境友好型发展,不仅需要用顶层设计来回应柴静《穹顶之下》的质疑,更需要在可执行好操作能复制的制度环节上做足文章。习近平总书记一直重视建设美丽中国。2013年4月25日,习近平总书记在十八届中央政治局常委会关于第一季度经济形势的讲话中说:"如果仍是粗放发展,即使实现了国内生产总值翻一番的目标,那污染又会是一种什么情况?届时资源环境恐怕完全承载不了。""经济上去了,老百姓的幸福感大打折扣,甚至强烈的不满情绪上来了,那是什么形势?"①环境倒逼绿色发展改革,现实雾霾倒逼制度落地。

第二,奖惩考核,环保目标细化。"要完善经济社会发展考核评价体系,把资源消耗、环境损害、生态效益等体现生态文明建设状况的指标纳入经济社会发展评价体系,建立体现生态文明要求的目标体系、考核办法、奖惩机制,使之成为推进生态文明建设的重要导向和约束"②。

第三,建立责任追究制度。曾经在任犯下的环境破坏错误,不管走到哪里责任都要跟走,不能离任免责。

①中共中央文献研究室:《习近平关于全面深化改革论述摘编》,中央文献出版社出版2014年版,第103页。
②中共中央文献研究室:《习近平关于全面深化改革论述摘编》,中央文献出版社出版2014年版,第104页。

第四，推进生态环境保护关口前移。不仅要建立健全资源生态环境管理制度，加快建立国土空间开发保护制度，代际补偿的资源有偿使用制度和生态补偿制度，更应该完善自然资源监管体制、国土污染调查制度、建立入海污染总量控制制度、建立海洋生态补偿和生态损害赔偿制度、健全国家自然资源资产管理体制。

第五，推动出台《水污染防治行动计划》。应对一些地区水环境质量差、水生态受损重、环境隐患多等问题，贯彻"安全、清洁、健康"方针，强化源头控制，水陆统筹、河海兼顾，对江河湖海实施分流域、分区域、分阶段科学治理，系统推进水污染防治、水生态保护和水资源管理。从全面控制污染物排放、推动经济结构转型升级、着力节约保护水资源、强化科技支撑、充分发挥市场机制作用、严格环境执法监管、切实加强水环境管理、全力保障水生态环境安全、明确和落实各方责任、强化公众参与和社会监督等方面着手，构建分工明确、责任主体清楚、惩防结合、全民行动的水污染防治格局。

第六，积极应对雾霾围城之害。面对雾霾问题，习近平总书记说，民有所呼，我有所应！良好生态环境是最公平的公共产品，是最普惠的民生福祉。2013年9月23日到25日习近平总书记在参加河北省委常委班子专题民主生活会时的讲话中，在2014年2月26日，北京市考察工作结束时的讲话中，反复强调"生产总值即便滑到第七、第八位了，但在绿色发展方面搞上去了，在治理大气污染、解决雾霾方面作出贡献了，那就可以挂红花、当英雄"。强调必须采取"压减燃煤、控车减油、治污减排、清洁降尘措施""要建立大气环境承载能力监测预警机制，确定大气环境承载能力红线""要严格指标考核，加强环境执法监管，认真进行责任追究"。不管是奥运会还是APEC会议期间，北京的实践表明，在治理雾霾问题上，非不能也。

第七，用制度确立节约和高效利用资源理念。"十三五"规划提出：树立节约集约循环利用的资源观，实行能源和水资源消耗、建设用地等总量和强度双控行动。特别是实施全民节能行动计划，对节能、节水、节地、节材、节矿提出标准化要求。倡导绿色消费，节俭消费，力戒奢侈浪费，营造勤俭节约的社会风尚。

第八，要把农村、农业生态、灌溉水生态建设放到更加突出的位置。退耕还林、退耕还草、退耕还湿、退养还滩。加强农村改水改厕、垃圾集中处理，养殖废水利用，废弃物无害化处置。开展蓝色海湾整治行动、美丽滩涂美化工程，还原青山、绿水、蓝天、草原、滩涂和海湾。

五、开放：大门永远不关闭

蛟龙需入海，因为它不是池中之物；中国需开放，因为闭关锁国没有出路。实践证明，闭关自守的老路就是绝路。加快改革开放就是中国发展空间的开拓，也是提升开放型经济发展水平的时代要求。发展需要靠自力更生，但也需要外在的市场环境来激活内在的创造力。需要国内市场，也需要国际市场，这是内因和外因联动的需要，也是中国发展格局的需要。960万平方公里的土地既需要开放成别国的市场，我们也需要走出960万平方公里土地去拓展国际市场，跨越五大洲、走向七大洋，这样的发展格局是未来走向世界舞台中心所需要的。

改革开放只有进行时没有完成时。封闭葬送前程，开放塑造美好未来。中国几十年的发展实践表明，开放是国家繁荣发展的必由之路。当今世界经济的一体化步伐加快，国家与国家之间渗透融合加强，彼此依赖度也不断提高。中国融入世界经济的深度和广度是改革开放之前无法想象的。越是深入融入世界，越是彼此离不开。今日中国是全球第一大出口国和第二大进口国，中国对世界经济影响和受世界经济影响的广度和深度前所未有；中国作为世界第一大吸引外资国、第三大对外投资国和世界第一大外汇储备国，对世界资金流动的影响和依赖前所未有。今天开放的格局应该是更高程度开放的进行时，正如"十三五"规划指出的，坚持内外需协调、进出口平衡、引进来和走出去并重、引资和引技引智并举。

如何发展更高层次的开放型经济呢？必须从早期的被动开放，转变为积极开放；从初级低端市场开放，转变为中高级市场的深度开放；从单一商贸型开放，转变为经济、政治、文化、军事、国防、科技等综合型开放；从早期的无序开放，转变为要素有序流动、资源高效配置开放；从中低端产品的外贸大国，迈向中高端精品的贸易强国；从引进技术设备，转变到推动装备、技术、标准、服务走出去；从局部开放，转变为全方位对外开放，加快对外贸易优化升级；从学习西方先进管理经验，转变到适度输出自己的先进文化和管理理念；从全球治理的参与者，转变为全球治理的发声者；从高精尖技术引进，转变为创新型技术输出；从全球低端产品制造者，转变为高精产品的智造者；从代工贸易和世界工厂，转变为世界创新创业场；从西方主导下的话语被动听从者，转变为在全球经济治理中的制度倡导者。

中国开放的大门永远不会关上。要在主动开放、双向开放、公平开放、全面开放和共赢开放上多做文章。国内市场是一个大局，国际市场是另一个大局，必须统筹好国内国际两个大局。站稳国内市场，拓展国际市场，用国际市场协调国内市场，用国内市场减震国际冲击，实现两条腿走路。"十三五"规划要求，更好利用两个市场、两种资源，推动互利共赢、合作互补、共同发展。2014 年 12 月，习近平总书记在主持中共中央政治局第十九次集体学习时指出："不断扩大对外开放、提高对外开放水平，以开放促改革、促发展，是我国发展不断取得新成就的重要法宝。"今天的开放应该是有立场、互惠共赢的开放格局。需要健全有利于合作共赢的体制机制，需要建立跨境大宗商品境外生产基地，需要在全球产业链中走向前端；需要中国设置话语、项目引领国际风向，需要便捷国际贸易过境与结算的一体化通关；需要搭建国际合作金融服务平台、需要适应世界互联网潮流建立便利跨境电子商务等新型贸易方式的体制、需要借助"一带一路"和基础设施的国际大通道建设搭建国际经济合作走廊；需要完善对外开放区域布局、对外贸易布局、投资布局等多元多层次创新体系；需要倡导打破贸易的障碍、地方保护主义或藩篱，推动经济全球化朝着普惠共赢的方向发展；需要积极建设广泛的利益共同体；在金融、保险等方面扩大开放的市场空间；加快自由贸易区的建设和试点推广；以互利共赢方式深化两岸经济合作；积极参与全球经济治理，促进国际经济秩序朝着平等公正、合作共赢的方向发展；主动积极承担国际责任和义务，彰显一个大国的责任风范。

中国历来主张，"一花独放不是春，百花齐放春满园"。世界那么大，容得下更多国家的强大和发展。面对一些超国民待遇的取消，经济新常态的到来，国际社会有一种不和谐的声音，认为中国改革开放的大门要收窄了，中国不愿意开放了，政策面调整不利于开放了等等。其实，这些都是误解，开放是中国基本国策。中国的昨天是靠改革开放发展获得的，中国的明天也必将靠开放走向新发展；旧时代闭关锁国错过了了解世界的绝好机会，新时代只有坚持开放才能赢得参与国际经济发展的主动权、甚至主导权。开放发展，合则两利，斗则两害。因此中国开放的大门永远不会关闭。

六、共享：为民欢喜为民忧

共享发展聚焦的是社会公平正义问题，把发展回归为人而发展，目的是实现人人共享的发展。就像习近平总书记说的那样："生活在我们伟大祖国和伟大时代的中国人民，共同享有人生出彩的机会，共同享有梦想成真的机会，共同享有同祖国和时代一起成长与进步的机会。"对于党来说，人民对美好生活的向往，就是他们的奋斗目标；对于社会主义制度来说，维护和实现社会公平和正义，是我们党坚持立党为公、执政为民的必然要求，也是我国社会主义制度的本质要求，是人民幸福的重要政治保障。

共享就是追求公平正义，实现共同富裕。公平正义是中国共产党的一贯主张，革命和改革都是"以促进社会公平正义、增进人民福祉为出发点和落脚点"的。习近平总书记在2014年新年贺词中指出："我们推进改革的根本目的，是要让国家变得更加富强、让社会变得更加公平正义、让人民生活得更加美好。""十三五"规划要求："按照人人参与、人人尽力、人人享有的要求，坚守底线、突出重点、完善制度、引导预期，注重机会公平，保障基本民生，实现全体人民共同迈入全面小康社会。"让人民共享福祉，坚决打赢脱贫攻坚战，决不让困难地区和困难群众掉队。让人民共享福祉，必须优先照顾弱势群体的生存权。

共同富裕是中国共产党实施治国理政的共同理想。共同富裕是中国特色社会主义的内在价值指向，所以必须使发展成果更多更公平惠及全体人民，朝着共同富裕方向稳步前进。把群众温饱冷暖放在心间，致力于消除贫困、发展生产力、改善民生、实现共同富裕，是社会主义的本质要求。邓小平曾经说过，我们允许部分地区、一部分人先富起来，是为了最终达到共同富裕，所以要防止两极分化。这就叫社会主义。他还指出："如果富的愈来愈富，穷的愈来愈穷，两极分化就会产生，而社会主义制度就应该而且能够避免两极分化。解决的办法之一，就是先富起来的地区多交点利税，支持贫困地区的发展。……可以设想，在本世纪（引者注：20世纪）末达到小康水平的时候，就要突出地提出和解决这个问题。"2012年11月15日，习近平总书记在新一届中央政治局常委会与中外记者见面会上的讲话中说："我们的责任，就是要团结带领全党全国各族人民，继续解放思想，坚持改革开放，不断解放和发展社会生产力，努力解决群众的生产生活困难，坚定不移走共同富裕的道路。"行进在中国特色社会主义道路上，需要用实质性生活质量的提高、用生产力的硬指标来证明它是实现我国社会主义现代化的必由之路。从整体小康奔向全面建成小康的更宽广舞台，创造人民更加美好生活，既需要不断解放和发展社会生产力，又必须逐步实现全体人民共同富裕、促进人的全面发展。就像习近平总书记说的那样："坚持共享发展，必须坚持发展为了人民、发展依靠人民、发展成果由人民共享，作出更有效的制度安排，使全体人民在共建共享发展中有更多获得感，增强发展动力，增进人民团结，朝着共同富裕方向稳步前进。"

共享发展是朴实的行动。天地万物，宇宙自然，以人为大。共享发展，就是要坚持以人为本，让人人共享发展成果，保基本、补短板、兜底线、讲包容。营造权利公平、规则公正环境，促进成果共享、共同富裕的社会样态。百姓要求不高，仅需挖一口水井、修一座小桥；群众容易满足，只要修一条路，建一个菜市场。共享不是口号，必须体现在实实在在的行动，体现在党的群众路线的教育实践中，体现在学党章用党章中。2012年11月，习近平总书记在十八届中共中央政治局常委同中外记者见面会上说："我们的人民期盼有更好的教育、更稳定的工作、更满意的收入、更可靠的社会保障、更高水平的医疗卫生服务、更舒适的居住条件、更优美的环境，期盼着孩子们能成长得更好、工作得更好、生活得更好。"只有不断为人民造福，让人民共享出彩机会、共享物质财富、共享基础设施、共享公共服务、共享教育资源、共享技能培训。规范初次分配、加大再分配调节力度、实施精准扶贫、精准脱贫、实行脱贫工作责任制、推进贫困地区基本公共服务均等化、关爱留守老人、留守儿童、留守妇女等等，落实这些，行动起来，就是共享发展的生动写照，从而实现全体人民学有所教、劳有所得、病有所医、老有所养、住有所居梦想，摘掉穷帽子，奔向共享发展的幸福美好明天。

第六章
绿色发展：雾霾治理之道

我国中东部地区雾霾频发，并且有恶化趋势。这直接影响到广大人民群众的身体健康，日常生活。雾霾的出现与我国工业化所处的发展阶段有关，与我国在全球产业分工的地位有关，与我国原有的粗放式发展方式相关，更与城市"摊大饼"式不合理发展方式有关。我国未来要坚持走一条绿色发展道路，把工业发展、城市优化布局、资源生态保护相结合。这也是我国的雾霾治理之道。本章的重点不是雾霾治理的细节，而是论述为什么治理雾霾要坚持工业化和生态保护相统一，为什么要坚持"绿色"理念和"发展"理念相结合。

一、中国东部的雾霾：红色预警

2015年12月7日0时，北京第一次发布雾霾红色预警，红色预警持续到12月9日24时。在这期间，气象部门预计北京空气质量将维持五级重度污染水平，到9日夜间后，一轮冷空气影响北京市，空气质量才会逐步改善。在红色预警期间，北京市实行单双号限行，中小学幼儿园停课，建筑工地停工，地面洒水减少扬尘。红色预警期间各项措施被严格执行。北京市市长王安顺

· 115 ·

甚至亲自到街上督察违章车辆，以此表明监督的坚决态度。

北京雾霾红色预警期间，女儿停课在家。虽然门窗紧闭，但自己心里清楚，这根本挡不住雾霾。女儿看书、写作业，然后用微信传给老师。学生停课，但老师们并没有停课，而是按时上班，在办公室通过微信和同学联系，批改作业。女儿时不时在屋里转一转，做做操，算作锻炼。在红色预警期间，女儿根本就没下过楼。同事有小孩子的，正在相互推荐，买什么牌子的空气净化器。也有朋友在打听防雾霾窗纱。寒冷的冬日里，雾霾防护品却越来越热。笔者甚至通过朋友关系，在一个专营店定购了一款净化器，虽然已经付款，却一直缺货。直到1月份才送货。

整个12月，华北发生三次持续大雾霾，遮天蔽日。北京市政府两次红色警报。其间，只有几天因为有冷风过境没有雾霾。

想想孩子们，天真烂漫的年龄，现在几乎要有一半时间笼罩在雾霾中。看不到蓝天白云，看不到彩云追月，看不到星光灿烂，不能在公园花间树荫下玩耍，不能跑步，不能锻炼，不能在操场上踢足球打篮球，甚至不能自由地呼吸。再想想长此以往，孩子们的健康所受到的损害，估计任何人的心情都无法不沉重。

看着浓浓的雾霾，不远处半隐半现的高楼。不由得回想北京空气逐渐恶化的过程。

1980年，一首名为《年轻的朋友来相会》的歌，热情洋溢，传唱一时。歌中唱到："年轻的朋友们，今天来相会。荡起小船儿，暖风轻轻吹。花儿香，鸟儿鸣，春光惹人醉，欢歌笑语绕着彩云飞。啊！亲爱的朋友们，美妙的春光属于谁？属于我，属于你，属于我们八十年代的新一辈！再过二十年，我们来相会。伟大的祖国该有多么美，天也新，地也新，春光更明媚，城市乡村处处增光辉。"

在20世纪80年代到90年代初，北京多风沙，但绝对没有严重的雾霾。不过，污染已经开始出现。看过微信中传播的一张照片，那是 1999 年的《北京日报》，大标题为"不让大气污染进入下个世纪"。这个标题也意味着，在世纪之交，北京的大气污染已经很严重。

1997 年，笔者在北师大读硕士。刚开学，还是像读大学那样，从顺义出发，骑着自行车上学。几次以后，就放弃了。短短几年间，车辆暴增。车多路窄，一路过来，尾气刺鼻。晴天时，在北三环路上，远远看去，远处的天空已经灰蒙蒙的，西山被淹没在浑浊之中。楼群像积木，灰蓝色的天空作为背景有如一块旧抹布。当时还没有雾霾这个词，只是报道几级空气污染。重度污染已经不少见。有同学来自四川山清水秀之地，时常惊呼："北京的空气怎么这个样子，太吓人啦！"一边摇头一边叹息。大家上课时，有时会不自觉地聊到空气污染。记得当时负责上文化哲学课的老师就说过，以前站在北师大老主楼由窗户向西向北看，能清晰地看到西山。当时已经灰茫茫的，什么也看不见了。这位老师还认为，污染源是首钢，它离北京市区太近。他还讲起，有一次，冬天下雪。在石景山区，居然下的是黑雪。人们担心这些雪融化后会伤害路边树木，用车把黑雪拉到郊外。

2003 年时，笔者在人民大学读博。有个美国姑娘到中国留学，教我们英文写作。一次连日风雨，天空被清洗一遍。她很兴奋，课间指着窗外蓝天，连声喊："Beautiful！How beautiful！"。我记得非常清楚，我对她说："Only fewdays！"美国姑娘一下子没了精神，看着我，一耸肩膀，俩手一摊，说："Yes！"

在人民大学读书时，夏天晚上 10 点以后，我围着人民大学校园跑步。现在清晰记得，跑步的时候，人民大学校园就已经笼罩在薄烟薄雾中，应该达到中度雾霾。只是当时并没有雾霾这个概念。原单位有班车，早晨 6:40 开往北京。周一时，我搭班车去人民大学。冬天早晨空气污染厉害时，北京方向深灰色茫茫一片。

进入五环后，随着班车向前，或高或矮形状各异的楼群如巨大的怪石逐渐从灰黑色的雾中显现，清晰，又很快消失。班车好像行驶在浑浊的深水中。

2010年以前，雾霾以北京为中心，由城中心向外递减。城中心区重度污染时，昌平、延庆空气质量能达到良好。早晚高峰，五环以内，车辆拥堵，这相当于在北京摆了五六百万汽油炉，不停地烧着，怎么能没有污染呢？现在的雾霾，已经蔓延到中国的中东部，弥漫城市和乡村。

北京是党中央、国务院和中央军委所在地，也代表着中国的国家形象。应该说，为了治理北京大气污染，北京市政府也是想尽办法。高污染的水泥厂关掉，各种化工厂迁走，首钢也迁走了。北京城区禁止燃煤。2015年，农村老家也在改电，国家提供优惠电价，鼓励农民用电暖器，冬季不再燃煤烧劈柴。不过，这一措施又受到生活水平的限制。就一般的农村家庭，采用电暖每月要用1500元，这是最保守估计。整个冬季需要电费6000元。而以前很多农村家庭是煤和木柴，整个冬季也就花费2000元多一些。二者差距过大。即使安装电暖器，国家提供优惠电价，很多农民还是会烧煤和木柴。即使农民能够采用电暖，还要看到，从雾霾治理的角度看，北京市只不过把污染转移了出去。当北京农民用低价电烧电暖器时，或许外省某个地方热电厂可能正在烧煤供电，浓烟滚滚。然后，再和其他工厂的污染物一起，缓缓地飘回北京。北京可以用行政命令把高污染的厂矿搬出去，却不能命令这些雾霾飘回去。

雾霾该如何治理呢？

二、众说纷纭：雾霾是如何形成的

关于雾霾的成因，网络中传播着各种观点，有人说是工业，有人说是尾气，有人说是燃煤，有人说是烧秸秆等等。似乎都有道理，又似乎夹缠不清。讨论雾霾治理政策，必须弄清楚雾霾的成因。

雾霾是一种自然现象，古代就有。大气中悬浮着各种各样极其细小的干尘粒。在一定条件下，这些干尘粒不断聚集，达到一定浓度，空气会变得浑浊不清。当能见度小于10公里时，这就是霾。在这些悬浮的尘粒中，有些尘粒有很强的吸水性，它们会在吸水后长大，成为凝结核。但是，由于凝结核过小，不能形成雨滴，而是成为细小的水滴，悬浮在地面上空气中。在这种情况下，能见度低于1公里时，这就是雾。能见度在1—10公里时，就是常说的轻雾。

不管是霾还是雾，都离不开这些悬浮的尘粒，也就是现在常说的细颗粒物，专业人员称之为"气溶胶粒子"。雾霾和大气污染是有关系的。即使在古代，由于燃烧取暖等原因产生的颗粒物形成的雾，也是有害的。纪晓岚的《阅微草堂笔记》中就记载过，大枣将要成熟的时候，如果有大雾袭来，被大雾浸过，大枣枣子就会长得干瘪无肉。因此，在雾气初起的时候，人们就在上风处点燃柴草，用浓烟驱散雾气。现在有经验的农民，尤其是菜农也知道，长势良好的蔬菜，在几天大雾之后，就会逐渐枯黄。现代形成雾霾的多是工业排放的细颗粒，危害更大。

现在所说的雾霾是从霾到雾再经过相互作用而形成的。从雾霾的生成来看，雾霾形成需要以下几个条件:必须有大量的悬浮尘粒；必须有一定的湿度和温度；必须处于弱风或者静风状态。在我国中东部地区进入秋冬季节后，由于昼夜温差加大，常常天气晴朗，风力小，地面散热比夏天更迅速，以致于地面温度急剧下降。在清晨，气温降至最低时，地面空气中的水汽达到饱和，就会凝结成雾。这就是我国秋冬多雾的原因。

雾霾的形成大致可以分为四个阶段：霾、湿霾、轻雾和雾四个阶段。

第一个阶段是霾。在这个阶段，由于弱风或者静风，尘粒不断在空气中聚集，达到一定浓度，形成霾。

第二阶段是湿霾。由于空气湿度大，弱风，空气中吸水能力强的尘粒吸收空气中水分，形成小液滴，也就是凝结核。在这个过程中，尘粒的尺度也在变大，从而加速凝结。在没有达到一定浓度时，尘粒凝结的液滴被称为霾滴。这是霾向雾转化的阶段。由于霾滴比尘粒大，它的吸水能力更强更快，转化速度更快，从而形成一种爆发式转化。

第三阶段是轻雾。霾滴吸水达到饱和后，就形成雾。在能见度较高的时候，属于轻雾。

第四个阶段是雾。随着雾滴不断积聚，能见度不断减弱，最后形成雾。

在雾霾的实际形成过程中，不是由霾向雾单向转化的过程，而是一个相互作用的过程，是非常复杂的过程。

空气中干尘粒吸水后形成凝结核，为雾准备了条件。干尘粒的性质也影响着凝结核的性质和进一步的吸水能力，进而影响雾的性质。同时，雾也会影响霾。雾在地面不断积累，会影响空气能见度，影响阳光照射，这就保持、增大了空气中的湿度，这又为干尘粒向雾滴转化提供条件。这就形成了一个相互循环的过程。

另外，还有一个非常重要的问题，就是二次溶胶问题。简单地说，由于排放物有各自的化学性质，在形成雾滴后，就会形成特定的化学性质。当这种带有特定化学性质的液滴在空气中浓度加大时，有可能改变原来尘粒的性质。比如：在霾向雾转化过程中，一般是能吸水的尘粒变为雾滴。但是，由于空气中带有一定化学成分的雾滴浓度变大，它会形成中介，会改变原来不吸水的尘粒的性质，使其变成吸水的尘粒，加速霾的形成。比如矿物尘粒，像煤烟、建筑工地、水泥工业产生的粉尘，原来是不吸水的，但空气中的二氧化硫气体会和这些粉尘发生反应，在矿物尘粒表面形成液膜，它就能够吸水了，吸水之后就会转化为雾。[1]在雾霾的实际形成过程中，一般都是雾霾混合物。在无风的条件下，空气中的各种尘粒不断积聚，形成各种悬浮小液滴。这些小液滴之间相互作用，改变原来尘粒的性质，形成带有新性质的尘粒，形成新的霾滴或者雾滴。或者说，由于湿度大、无风等气候条件，雾霾持续时间长，空气中的各种污染物不断积聚，这些污染物会相互作用，相互混合，出现新的性质，形成新的悬浮颗粒物，形成更多的霾。如此这般恶性循环，如果没有强风吹散，雾霾不会消失，只会越来越重。

从雾霾的形成过程来看，凡是向空气中排放颗粒物都会形成雾霾。燃烧秸秆、燃煤、汽车尾气、工业废气、工地扬尘、沙尘等等，甚至厨房油烟，都是雾霾的组成成分，只是在不同的地方，占的比重不同而已。

在古代，雾霾是一种自然现象。雾霾是由空气中的悬浮颗粒物形成的。从生活需要来说，古代形成雾霾的颗粒物大多是自然产物或者燃烧柴草煤炭而形成的颗粒物。而现代社会则完全不同。空气中的颗粒物除前面两种外，还有各种各样数量巨大的排放物。就城市来说，主要是机动车尾气排放、燃煤、工业气体排放、工地扬尘等。同时，各种各样的悬浮颗粒，会在一定条件下相互作用，形成新的污染物。汽车尾气、工业废气等对人的身体健康危害早已被证明。因此，由于污染物的质和量上的巨大差异，尤其是各种各样化工产品导致的废气，现代雾霾与古代雾霾完全不可

---

[1]张小曳：细说气溶胶，《光明日报》2013年9月16日。

同日而语。它不再是一种纯粹的自然现象，它是一种严重的空气污染，也是一种具有人为因素的灾害。

三、病原：大气污染物淤积、工业和超大城市

现代持续雾霾灾害的发生，根本原因在于工业化和城市化，以及相应的生活方式。当工业和城市不断集聚，工业、交通和生活废气排放超过生态系统的净化能力，导致空气中废气颗粒不断积聚时，最终形成雾霾。在多日无风的情况下，形成灾害。雾霾是"工业病"和"超大城市病"。

持续性的重度雾霾需要几个特定条件。首先必须有大量悬浮颗粒物存在。这些悬浮颗粒物不断积累形成霾，在湿度、温度适宜又弱风情况下，形成雾。霾雾混合，不断积累，不断恶化。没有这些悬浮颗粒物，或者这些悬浮颗粒物在空气中达不到一定浓度，就不会出现雾霾。

观察数据已经证实这一点。我国中东部重度雾霾频发，严重程度远远高于欧美等国家。与此相关的，我国大气中各种悬浮颗粒物，也就是气溶胶，远远高于欧美国家。其中，硫酸盐气溶胶年均浓度在我国城市和城郊区域分别约为每立方米空气 34 和 16 微克，有机碳分别为 30 和 18 微克，硝酸盐分别约为 15 和 8 微克，铵约为 12 和 6 微克，元素碳为 8.6 和 3.4 微克。这样的浓度水平仅次于南亚城市；而在欧洲的城市和城郊区域，硫酸盐年均浓度分别约为每立方米空气 4.7 和 3.3 微克、有机碳是 6.0 和 2.8 微克、硝酸盐为 4.1 和 2.1 微克、铵为 2.2 和 1.3 微克、元素碳为 3.7 和 1.3 微克。①我国大气中具有污染性质的悬浮颗粒物年平均浓度，基本上是欧美国家平均值的 5—6 倍。

①张小曳：我国雾霾成因及其治理的思考，《科学通报》2013 年第 13 期。

　　正常的生态环境进行着物质和能量循环。在传统农业社会，人类一些排放物会进入生态系统的循环机制。比如，扔掉的瓜皮，在田地里会腐烂成为肥料，进入生态循环，不会积累。一些空气排放物会被自然力消解，比如做饭的炊烟会很快被微风吹散。但是，现代工业社会完全不同。现代工业排放的废气，里面有大量化学物质。在大自然的生态系统中，经过千万年演化，一般的自然物都是能够被生态系统识别，然后分解进入生态循环。而现代社会排放的大气污染物，更多的是人工合成物，大自然无法识别，不能进入生态循环系统。这样，就只能靠风力来吹散、吹走。在没强风的时候，就会形成排放物的不断积累，形成霾，进而形成重度雾霾。

　　因此，现代工业社会的工业和生活所排放的大量颗粒物超越了生态系统的循环净化能力，导致这些大气污染物淤积。这一方面是由于大气污染物的集中排放量过大，另一方面是由于生态系统被破坏。而造成这二者的原因，就在于工业化和城市化。

　　雾霾与巨大的工业城市的关系人们早就认识到，根本用不着找出各种数据计算二者的相关性。英国是世界工厂时，英国的各大工业城市也是烟雾弥漫。伦敦成为世界有名的"雾都"。第一次工业革命，煤炭是支持工业革命的核心燃料。随着英国经济和技术飞速发展，随之而来的是城市污染急剧加重。当时英国大多数工厂都建在市内和近郊，居民家庭又大量烧煤取暖，煤烟排放量急剧增加。城市发电也主要靠煤。第一次工业革命的象征——蒸汽机火车也是以煤作为动力。为了维持工业和生活，运煤专列不断往返于矿山和英国的城市。煤炭在燃烧时，会生成水、二氧化碳、一氧化碳、二氧化硫、二氧化氮等物质。这些物质排放到大气中后，在没有风的时候就会形成大量的悬浮颗粒物，从而形成黄黑色呛人的雾霾，笼罩在伦敦这样的大城市上空。1952 年 12

月 4 日，伦敦大气湿度增加、风力微弱，煤烟极难扩散。12 月 5 日，伦敦即开始雾霾围城。市中心空气中的烟雾量几乎增加了十倍，全城能见度下降，甚至达到戏院里观众看不清演员的程度。直到 12 月 9 日大风才吹散雾霾。4 天时间，伦敦有 4000—6000 人死于雾霾，多数是小孩和呼吸系统脆弱的人群。这就是震惊世界的 "1952 伦敦大雾事件"。巨大工业城市高度集中工业、生活煤烟排放是导致雾霾的根本原因。

经过两次世界大战，世界的工业中心转移到美国，"美国制造" 雄霸一时。美国出现了以洛杉矶、底特律为代表的大工业城市。洛杉矶市地处美国西海岸，是美国第二大城市。第二次世界大战太平洋战争爆发后，洛杉矶及其周边地区变得空前繁荣，大量工厂和人口涌入这座城市。洛杉矶成为全美汽车数量最多的地区。20 世纪 40 年代，洛杉矶就拥有 250 万辆汽车，每天大约消耗 1100 吨汽油。1943 年 7 月 26 日清晨，当美国洛杉矶的居民从睡梦中醒来，他们发现空气中弥漫着浅蓝色的浓雾，气味呛人，刺激人的眼睛不断流泪。有些市民甚至以为是受到日本人的化学攻击。这是洛杉矶第一次发生雾霾。1958 年，洛杉矶发生了连续 3 天雾霾。虽然政府采取一些措施，关闭一些高污染工厂，但雾霾却不断加重。最后，加州理工学院的荷兰科学家阿里·哈根斯米特（Arie Haagen-Smit）通过分析空气中的成分发现，雾霾的罪魁祸首实际上是汽车尾气。汽车尾气中的碳氢化合物和二氧化氮被排放到大气中后，在阳光紫外线照射下，发生光化学反应，产生含剧毒的光化学烟雾。[①]

第二次工业革命，人类进入电气化时代，石油成为重要的能源和资源。人类进入汽车时代。在发达国家，汽车进入家庭，成

---

① "美国洛杉矶 VS 雾霾，半个多世纪的战争"，人民网辽宁频道，2015 年 12 月 10 日，http://ln.people.com.cn/n/2015/1210/c339841-27287435.html。

为代步工具。在大工业城市中，除了工厂外，汽车尾气成为最重要大气污染源，也成为雾霾最重要的组成成分。

改革开放以来，中国沿海承接国际产业转移，发展外向型经济。中国成为新的世界工厂，中国制造遍布世界。但是，雾霾也随之出现在中国，尤其是东部工业最发达地区。

北京地区雾霾频发。据 2014 年一项雾霾成分研究分析报告分析，从主要成分看，北京市空气中 $PM_{2.5}$ 成分主要为有机物、硝酸盐、硫酸盐、地壳元素和铵盐等，分别占 $PM_{2.5}$ 质量浓度的 26%、17%、16%、12% 和 11%；从北京大气细颗粒物（$PM_{2.5}$）来源看，区域传输占 28%—36%，本地污染排放占 64%—72%。在本地污染源中，机动车占比高达 30% 以上。在北京的 $PM_{2.5}$ 中，70% 是二次粒子，也就是说由一次排放的气态污染物在大气氧化过程中反应而产生的细颗粒物。在北京本地 $PM_{2.5}$ 污染排放中，机动车占 31.1%，燃煤占 22.4%，工业生产占 18.1%，扬尘占 14.3%，餐饮、汽车修理、畜禽养殖、建筑涂装等其他排放约占 14.1%。[①]

从北京的雾霾成分来看，雾霾与工业发展、城市化以及由此形成的生活方式有很大关系。自 2000 年以来，北京为了治理大气污染，已经开始把一些高污染企业转移或者关闭，北京的产业向高端服务业发展。工业一般集中在新兴城镇的开发区中。因此，北京工业大气污染并不是北京雾霾的第一原因。北京城市不断向外扩张，而且是"摊大饼"似的从二环扩张到三环，再从三环扩张到四环，又由四环扩张到五环，并且仍在扩张。现在北京市五环以内是经济、政治、科技、文化、教育繁华区域，绝大多数人在这里工作，但是，生活、居住的地方却在五环、六环以外。这就使汽车成为重要的交通工具。在上下班时，形成令人恐惧的早

---

① "成分分析锁定雾霾元凶，北京机动车污染占比最多"，中国经济网，2014 年 4 月 26 日，http://www.ce.cn/cysc/ny/gdxw/201404/26/t20140426_2725099.shtml。

晚交通高峰。整个北京成为一个准停车场。机动车尾气成为雾霾
第一元凶根本不奇怪。这是由城市的恶性发展造成的。另外，北
京为了治理污染，在城中心区禁止燃煤，改用天然气，并且，禁
止范围逐渐向外扩展。但是，燃煤仍然是农村、小镇、工厂重要
的燃料。还有一点，北京工业污染物不是雾霾第一原因，但包围
北京的河北省却是重工业大省，雾霾形成后会迅速波及北京。北
京的机动车污染又会推波助澜，再加上工业污染、燃煤排放，使
北京成为雾霾重灾城市。

英、美的雾霾案例和从北京的雾霾分析可以看出，雾霾与工
业发展、城市化进程、燃料和生态状况息息相关。不同的城市或
者地区，工业水平和集聚水平、城市化状况和相应的生活方式、
能源供应方式和生态方式，都决定和影响着雾霾的生成。

四、出路：工业继续向高端发展

在登山途中，遇到大雨应该怎么办？很多人习惯性地认为，
赶紧向山下跑。但是，这是最危险的。雨水在向山下流动过程中，
会形成山洪。越向下越危险。只有向上，才是正确的选择。

中国的雾霾治理真正的出路不是"去工业化"，而是产业升
级，继续向金字塔顶端攀登。

中国现在在国际分工中处于中低端制造，实际是世界车间。
这是雾霾以及工业污染的根本原因。在全球工业分工中，中国成
为污染代价的承担者。

中国治理雾霾的一条路是"去工业化"。没有工业，自然就
没有工业污染。这条路是不可想象的。1840 年以后，中国被西方
打趴下了，自己爬起来，重新追赶西方。追赶的核心就是现代大
工业。各种制度探索无非就是希望追得更快一些。犯了林林总总
的错误，付出林林总总的代价，中国达到了现在这个程度。去工

业化就是自废武功，前功尽弃。实际上，这也不可能，在巨大的就业人口压力下，中国需要大工业。随着沿海地区劳动力成本增加，一些外资已经关闭工厂，在东南亚建厂，一些民营企业也开始在东南亚建厂。这意味着经济、社会等各种问题会接踵而来。沿海一些地方政府已经忧心忡忡。腾笼换鸟，鸟飞走了，新鸟也不是说来就来的。

另一条路就是工业升级。这是唯一可走的路。但是，这条路绝对不是一马平川。

产业升级要淘汰落后产能，淘汰高污染、低效益的企业。这要循序渐进，不可能一声令下，立即关停并转。政府总要考虑当地老百姓的就业和吃饭问题。

传统制造业升级是产业升级的重要组成部分。中国沿海多贴牌企业，实际上就是为人家进行组装。升级就是要从组装环节扩展，进行自主技术研发、品牌研发、制造、产品渠道拓展等等。这样一个从虚胖到强健的过程，不脱几层皮是不行的。

还有就是抢占新兴战略性产业，迎头赶上。

所谓产业升级，就是从中低端制造业向中高端制造业攀登，要挤上狭窄的金字塔尖。20 世纪 90 年代，承接国际产业转移，是欧美大国愿意转移，中国有能力承接，双方在分工上垂直合作，甚至欧美获利更大。那时中国的竞争对象是发展中国家。而随着中国向中高端制造业升级，中国的竞争对象将是欧美。金字塔尖就那么大，以中国的体量挤上去，后面会发生什么，欧美都清楚。这将真正触动欧美的奶酪，激烈的竞争不可避免。这种竞争会从技术、工业、经济延伸到政治，甚至更大的不确定性。

在美国某机构公布的 2014 年最新科技实力排名中，中国在 20 名之外。排名分为五级。第一级，核心：美国，只此一家。第二级，发达：英国，德国，法国，日本。第三级：登堂入室，芬兰、俄罗斯，意大利，以色列，加拿大，澳大利亚，挪威，韩国，捷克等中等发达国家。第四级：在大门口的中国、印度、墨西哥、南非等发展中国家，第五级为欠发达国家，其余发展中贫穷国家都在此列。

在 2015 年达沃斯世界经济论坛发布《全球竞争力报告》中，中国的竞争力排名 28 位，创新力排名 34。

2015 年，彭博社对世界最具创新力的前 50 个国家和地区进行了排名，中国排名第 22 位。

排名的指标设计不同，排名就会有很大变化。但中国总体在 20 名左右，没有悬殊变化。这也能在一定程度上说明中国距离金字塔尖的位置。

中国已经看到塔尖，但还有不小的距离，还要面临更激烈的竞争，可以说是有可能，但命运未定。想想当年的超级大国苏联被挤下来，俄罗斯到现在只能卖油气卖武器，成为"金砖国家"，武器还是苏联留下的家底。再想想那些一百年前在发展，现在仍然在"发展"的国家！

中国有效治理雾霾的过程，必然是工业进一步发展的过程，是中国在国际分工中走向高端的过程。

五、雾霾综合治理：一些路径

我国"十三五"规划建议提出绿色发展理念，就是在新的科技革命方兴未艾时，新的战略高端产业正在兴起时，抓住战略机遇，把新型工业化和生态保护有机结合起来，发展生态能够支撑的工业、能够可持续发展的工业，同时，工业生产又能有利于生态，维护生态。在二者的良性互动中，推动中国工业向世界高端冲击。因此，中国的雾霾治理不是单纯的治理，不是削足适履，而是在工业发展中治理雾霾。在实现"绿色中国"的具体途径中，有主体功能区、发展生态循环技术、多样化能源发展、严格监督管理、低碳生活的公民意识等，这里，就与雾霾治理紧密相关的主体功能区、多样化清洁能源和严格监督管理做一点简要介绍。

第一，建设主体功能区，优化工业发展，治疗"城市病"。

在经济建设中，并不是每一块国土都适合进行大规模工业化生产和城市化建设。但是，一些地方政府出于各种原因，不顾生态条件和经济条件，过度推进工业化和城市化，从而使工业发展在各省出现大量低效重复。这种无序发展，无限扩张，既破坏生态环境，又产生各种"城市病"。主体功能区的划分主要是根据不同区域的资源环境承载能力、现有开发密度和发展潜力。这样，就能按照区域的自然优势和经济优势发展，形成区域间协调发展，把工业化、城市化与自然生态保护协调起来。我国主体功能区分为四类：优化开发、重点开发、限制开发和禁止开发。优化开发区是指能够进一步发展、提升工业和城市化的地区，国家级优化开发区是指京津冀、长三角和珠三角沿海三大城市群地区。重点开发区是指资源环境承载能力还比较强，还有一些发展空间的地区。限制开发区域分为农产品主产区与重点生态功能区。禁止开发区域包括国务院和有关部门正式批准的国家级自然保护区、世界文化自然遗产、国家级风景名胜区、国家森林公园和国家地质公园等。

主体功能区建设分为不同的级别。有点类似俄罗斯套娃，比如，在国家级的优化发展区域内，底下又可以根据经济和环境条件，再次划分主体功能区，这样一直划分到乡镇一级。从国家级的主体功能区来看，雾霾严重的东部地区，如京津冀地区和长三角地区，都是优化发展区。也就是说，主要是发展工业和进行城市化。同时，根据各自的条件，又可以再次划分。北京已经划分主体功能区：首都核心区：包括东城和西城。城市功能拓展区：包括朝阳区、海淀区、丰台区、石景山区；城市发展新区：包括通州区、顺义区、大兴区（北京经济技术开发区）以及昌平区和房山区的平原地区；生态涵养发展区：包括门头沟区、平谷区、怀柔区、密云区、延庆区以及昌平区和房山区的山区部分。禁止开发区域：共分六类，包括6处世界自然文化遗产、14处自然保护区、10处风景名胜区、24处森林公园、6处地质公园和3处重要水源保护区。

主体功能区建设，根据各地实际情况，在工业和城市发展中，与经济条件和生态条件相结合。这对保护环境、避免城市恶性发展、工业低效发展，治理雾霾，有着重要意义。

第二，发展多样化的清洁能源。

我国工业已经发展到工业化后期，即重化工阶段。根据观测数据，煤烟、汽车尾气排放和工业排放是雾霾的主要成分。在我国能源消费中，石油和煤炭是主导，每年消费量巨大。2013年，根据英国石油公司《BP世界能源统计2013》发布的数据，2002年，我国日均消耗5265千桶[①]。石油对外依赖度达到36%。2012年，我国日均消耗原油10221千桶，占全球石油消耗的11.7%。我国石油对外依赖度达到59%。[②]再看煤炭，我国是煤炭资源最丰富的国家。可是，目前，我国煤炭的巨大消耗也已经超过了自身的生产能力。根据《BP世界能源统计2013》发布的数据，2002年，我国煤年开采775.2百万吨油当量，消费728.4百万吨油当量，基本能够自给自足。2012年，我国煤年开采1825.0百万吨油当量，占全球总产量的47.5%，比2011年增长3.5%，而消费

---

①桶是英美惯用的按体积统计的方法，中国用吨来表示，简略地换算，1吨约等于7桶。

②《BP世界能源统计2013》，第8-9页，bp.com/statisticalreview，BP Statistical Reviewof World Energy June 2013。

1873.3 百万吨油当量，增长 6.1%，占全球的 50.2%。[①]

2014 年，中国全年能源消费总量是 42.6 亿吨标准煤，煤炭消费量占能源消费总量的 66.0%，水电、风电、核电、天然气等清洁能源消费量占能源消费总量的 16.9%。实现能源多样化格局，降低煤炭和燃油在能源中的比例，将是我国治理雾霾的重点。

一些专家预测，未来全球能源消费结构中的化石能源将在 2030 年左右达到顶峰，而太阳能、风能、地热能、现代生物质能的占比将不断增加，并在 2100 年能源消费总量中的占比或将超过 60%。为此，世界各主要国家纷纷调整能源战略，竞相争占能源科技这一新的战略制高点，以争取掌握在未来竞争中的主动权。

我国政府高度关注这一发展趋势。在"十三五"规划建议中提出，推进能源革命，加快能源技术创新，建设清洁低碳、安全高效的现代能源体系。提高非化石能源比重，推动煤炭等化石能源清洁高效利用。加快发展风能、太阳能、生物质能、水能、地热能，安全高效发展核电。加强储能和智能电网建设，发展分布式能源，推行节能低碳电力调度。有序开放开采权，积极开发天然气、煤层气、页岩气。改革能源体制，形成有效竞争的市场机制。这是我国能源发展的路线图，也是治理雾霾的治本之策。

中国工程院院士陈勇认为，为了建立多元化的能源体系，要利用我国经济发展提供的有利条件，加快发展能源技术。未来 5 年，应根据"十三五"规划建议中的经济社会发展规划，选择一批较成熟的节能和清洁能源技术，重点开展系统集成、优化以及实用化的研发工作，以尽快推广应用，如各种先进的工业节能技术、节能生态智能建筑技术、高效清洁煤利用技术等。面向未来 20 年，应通过重大工程实施，示范实验一批已有一定积累的先进

[①]《BP 世界能源统计 2013》，第 32—33 页，bp.com/statisticalreview，BP Statistical Review of World Energy June 2013。

能源技术，如规模化的可再生能源利用技术、大型电力储能技术、轨道交通和纯电动车技术、页岩气开采与利用技术、特高压输电技术、新型核电技术和核废料处理技术等。面向未来 35 年（至 2050 年），应通过科技重大专项的设置，集中攻关一批核心技术，如太阳能、风能转换新原理与新技术，集收集、储能、发电于一体的光伏材料体系，能源植物（现代生物质能）的选育与种植技术，海底与冻土天然气水合物开发与利用技术，可控热核聚变示范堆技术等。[1]

能源的多元化和能源技术的发展，将逐渐减少煤炭和石油在能源消费中所占比重，减少排放尘粒，成为雾霾治理的重要手段。

第三，严格排放标准，严格排放监督。

大气污染物过量排放、积累是雾霾形成的根源。但是，一直以来，我国存在排放标准过低，而且检查不严的问题。

以车用汽油二氧化硫含量标准为例。美国的标准为 10ppm（ppm 是百万分之一），而当前我国国三和国四标准，汽油中的硫含量分别是不大于 150ppm 和 50ppm。

美国的柴油硫含量是 10ppm，我们的国家标准是 2000ppm，是美国的 200 倍。"国十条"也仅仅要求到 2017 年达到 137ppm。因此，即使中国汽车与美国数量相同，车辆行驶数相同，我国车辆二氧化硫排放也是美国的 5 倍。

我国大气污染物排放控制标准低。除电厂、钢铁厂等大型用户外，大多数用煤的小用户排放标准低。我国好的燃煤电厂尘的排放可达到每立方米 30 微克，二氧化硫排放可以控制到 30ppm 以下，但国家控制的标准却是发达国家水平的 3—4 倍。[2]

---

[1] 陈勇：能源科技发展新趋势，《人民日报》2015 年 9 月 6 日。
[2] 刘强：大范围严重雾霾现象的成因分析与对策建议，《中国社会科学院研究生院学报》2014 年第 5 期。

　　即使在这种情况下，我国一些部门也存在监管不力的问题，有些部门甚至形同虚设。近一段时间，一篇名为《雾霾的真相——一个环保部门公务员的稽首自白》的网帖在各大网站传播。这个网帖或许有这样那样的问题，但却在一定程度上揭露了环保监督存在的各种问题。比如，企业的大气污染治理设施有了不用、企业在夜间非法偷排、小企业无人监管、排放数据弄虚作假等等，这导致实际排放量远远大于总量考核量，甚至十倍二十倍的增加，远远超过了环境的自净能力！在我们日常生活中，对这些现象也不陌生。比如，在验车的时候，检测场周围到处是车虫。尾气不合格的车交给他们，都能过。只不过车越旧，车虫要的钱就越多。实际的检测，形同虚设，反而变成车虫与相关检测人员合伙谋私。

　　针对于此，我国将加大环境治理力度，核心一个字就是"严"。就雾霾治理来说，其一是最严格的环境保护制度，形成政府、企业、公众共治的环境治理体系。推进多污染物综合防治和环境治理，实行联防联控和流域共治，深入实施大气污染防治行动计划。其二是要实施工业污染源全面达标排放计划，扩大污染物总量控制范围，将细颗粒物等环境质量指标列入约束性指标。其三是改革环境治理基础制度，建立覆盖所有固定污染源的企业排放许可制，实行省以下环保机构监测监察执法垂直管理制度。建立全国统一的实时在线环境监控系统。最后，健全环境信息公布制度。探索建立跨地区环保机构。开展环保督察巡视，严格环保执法。

　　总之，在绿色发展的理念下，把工业发展和生态发展相协调，雾霾治理一定会成功。

第七章
"健康中国"：中医药事业的发展

2015 年 10 月 26—29 日，十八届五中全会在北京召开，提出了全面建成小康社会新的目标要求。其中提出，"推进健康中国建设。深化医药卫生体制改革，实行医疗、医保、医药联动，推进医药分开，实行分级诊疗，建立覆盖城乡的基本医疗卫生制度和现代医院管理制度"。"健康中国"被提升到国家战略高度，成为全面建成小康社会的一个重要维度。

2016 年 2 月 14 日，李克强总理主持国务院常务会议，会议的一项重要议题就是确定：一要促进中医药和民族医药继承保护与挖掘，抢救濒临失传的珍稀与珍贵古籍文献，强化师承教育，大力培养中医药人才，提高中医药应急救治、防病治病能力。二要促进中西医结合，探索运用现代技术和产业模式加快中医药发展。加强重大疑难疾病、慢性病等中医药防治和新药研发。完善中医药标准体系，强化中药材资源保护利用和规范种养。三要放宽中医药服务准入，完善覆盖城乡的中医服务网络，保证社会办和政府办中医医疗机构在执业等方面享有同等权利。四要发展中医养生保健服务，促进中医药与健康养老、旅游文化等融合发展，推动"互联网＋"中医医疗。五要加大中医药投入和政策扶持。

在国家基本药物目录中增加中成药品种数量，更好发挥"保基本"作用。加强中医理念研究推广，扩大中医药国际贸易和传播普及。

在具有国家战略高度的"健康中国"建设中，中医药无疑具有重要地位。那么，什么是"健康中国"？为什么在"健康中国"建设中中医药占有这么重要地位？我国中医药发展状况如何？中医药未来的发展重点在哪？笔者就相关热点问题谈谈看法。

一、"健康中国"："大健康"的理念

"健康中国"是以"大健康"为理念，将其贯彻到各项医疗卫生政策中，将其融入社会经济发展中，成为小康社会的有机组成部分。

什么是"大健康"理念呢？

"大健康"观念超越了医学上的健康观念。一般来说，健康是指一个人的身体和精神状态良好。就身体说，身体发育良好，人体各系统功能正常，主要脏器无疾病，身体充满活力，对疾病有较强的抵抗力。就精神说，豁达乐观，能够很好地适应环境。不过，大健康观念的范围要远远超越于此。

笔者属于 70 后。对"健康"这个问题已经有所体会。在读中学和大学的时候，同学们的生活条件和学习条件都比较艰苦。在走上工作岗位时，正赶上中国经济高速发展。同学们和朋友们的腰包迅速鼓了起来。同学小聚、朋友小宴、同事交流感情，口福不断。尤其是同学朋友聚会，酒足饭饱之后，有时还要 KTV 唱唱歌，喝啤酒。更有好饮者，午夜之后，再到烧烤摊上，烤串啤酒。不知不觉间，很多人体重大增。三十七八岁，不少人开始出现三高：高血脂、高血糖、高血压。刚过四十岁，一些同学朋友就开始和医院打交道。忽然间，当医生的同学朋友大受欢迎。甚至有某某同学已经去世的传闻。渐渐地，同学朋友间大吃海喝逐渐减

少。即使有聚会，也是蔬菜逐渐增多，喝酒点到为止。很多朋友开始注意减肥，锻炼。不少同学周末组织起来，打球、远足、登山。大家都意识到，与其胡吃海塞瞎闹腾给自己造病，晕头涨脑吃药受罪，不如节制欲望多锻炼少得病。笔者估计，身边人的这种变化，很多人都不陌生。

实际上，周围人的这种转变，就是从"健康"观念向"大健康"观念转变。如果说健康是指身心处于良好状态，那么，这种身心良好的状态是来自于人的健康意识和"健康"的生活方式。否则，无节制地放纵欲望，大吃大喝，不分昼夜地打牌、玩麻将、玩电脑游戏，或者工作过度紧张劳累，长此以往，不管这个人身体多么健壮，肯定会垮掉。人的身心健康还涉及方方面面。比如，长期频发重度雾霾，空气中有害细颗粒浓度过大，那么，不管个人的生活习惯如何良好，肯定要影响个人身体健康。再比如，有些人下岗，没有工作，不可避免地生活压力和精神压力巨大，时间长了，就有可能影响身体健康，出现各种病症。由于病因源于社会因素，因此，仅仅通过医药，很难完全治愈。在"大健康"观念中，健康既包括个人的身心状态良好，还包括良好的生活方式和行为方式，公平有效的基本医疗卫生服务体系，完备的健康产业体系，和谐的社会环境，美丽的自然环境等。

常说的"健康"观念是无病即健康，有病治愈是健康。这是把健康聚焦到个人。"大健康"观念是一种整体健康观。它在关注个人的身心健康时，更关注影响人的身心健康的大环境，通过优化大环境，维护人的身心健康。这样，"大健康"观念不是以治病为中心，而是以健康为中心，以预防为中心。它强调通过综合性政策，提升健康大环境，实现健康目标。

作为"健康中国"建设的核心理念，"大健康"观念体现了人们对健康更高的追求。同时，从国家发展战略来看，它也针对着我国医疗卫生面对的问题和资源"瓶颈"。

我国医疗卫生事业面临着以下问题：

第一，我国居民中重大慢性病在疾病中所占的比重持续增加，比重最大。据世界银行人类发展部的一份报告提供的数字，慢性病已成为我国重大的公共卫生问题，发病人数快速上升，疾病负担日益沉重。我国现有慢性病确诊患者 2.6 亿人，占总人口的 19.1%。慢性病死亡占总死亡的比例由 1991 年的 73.8%上升至 2011 年的 85%。慢性病导致的疾病负担占总疾病负担的 70%。今后 20 年内，我国慢性病的发病人数会继续快速增长。

第二，老年人口的增加。当前我国已经进入人口老龄化加速阶段。截至 2013 年底，我国 60 岁及以上老年人口已经达到 2.02 亿，占总人口的 14.9%，预计到 2025 年老年人口将达到 3.08 亿，占总人口的 21.1%。据估算，到 2030 年，我国城镇平均每 100 个劳动力要负担 59.20 个老年人，每两个人就要负担一个老人。①老年人的健康和康护问题，将是我国未来数十年面临的最为突出的问题之一，也是我国医疗卫生体系面临的巨大挑战。

第三，城镇人口的不断增加。据国家统计局公布的数字：2014 年，中国城镇化率达到 54.77%，城镇常住人口约 7.5 亿人，乡村常住人口 6.2 亿人，流动人口 2.3 亿人。从我国的发展规划来看，我国东部发达地区还会进一步城市化，中东部一些农村会就近城镇化。在庞大的流动人口中，有一部分人也会被城镇吸纳。到 2020 年，我国将会有 1 亿农业人口转变为城镇户口。

第四，放开二胎政策将带来新生儿生育高峰。

第五，财政资源的约束。我国经济进入"新常态"，这将影响我国政府的财政收入。从地方政府来看，过于依赖土地财政，

---

①赵修杉：我国未来城镇人口预测研究，《经营管理者》2015 年第 7 期。

随着房地产黄金时期的结束，地方政府的财政将会受到极大影响。我国对医疗卫生体系的高投入不会持续。随着我国医疗保障覆盖面越来越大，财政投入和医疗卫生事业发展的矛盾将会凸显。

在这种情况下，在解决"看病难""看病贵"的同时，我国开始从"大健康"的理念高度出发，转变医疗卫生发展模式，以人的健康为中心绸缪布局，从以疾病治疗为中心转向以健康为中心，建立公平有效的基本医疗卫生制度，保基本，强基层，补短板，更注重医药卫生工作重心下移和资源下沉，构建有效方便的医疗卫生服务体系。大力打造健康环境和健康社会，培育健康人群，发展健康产业，培养健康的生活方式和行为方式。通过与经济社会发展的一系列政策融合并进，通过综合性的政策举措，实现健康发展目标。

中医药历史悠久，是一个巨大的医药宝藏。我国中医重养生，把人、自然、社会视为一个整体，强调顺应自然规律，调养身心。中国是中草药主要产地，有丰富的中医人才和中医技法，无数的民间验方。大力发展中医药事业，大力发展中医药产业，将对"健康中国"做出不可替代的贡献。但是，由于观念、体制、技术和中医药自身存在的问题，各种各样的瓶颈制约着中医药的发展。只有打破这些瓶颈，才能真正发挥中医药的优势和巨大潜力。

二、屠呦呦的诺贝尔奖：中草药"热"

中医药是科学吗？这是一个长久以来极具争议的问题。很多人以中医药没有化学、生物学、解剖学、神经学、药理学等现代科学基础，没有现代科学体系和思想方法为理由，否定中医药的科学地位。

2015 年 10 月 5 日，瑞典卡罗琳医学院在斯德哥尔摩宣布，中国女药学家屠呦呦因对青蒿素研究所做出的杰出贡献，被授予

2015 年诺贝尔生理学或医学奖。这一消息在中国引起巨大轰动。这是中国科学家因为在中国本土进行的科学研究而第一次获诺贝尔科学奖，也是中国医学界迄今为止获得的最高奖项，这是中国科技发展走向世界前列的重要标志。

药学家屠呦呦获得诺贝尔奖，又让中医药是否是科学的争论，再次成为焦点。拥护中医药的人以此论证中医药已经获得国际认可，否定中医药的人认为这个诺贝尔奖正好证明中医药不是科学。

疟疾俗称打摆子，是危害人类最大的疾病之一。人类对付疟疾有两种最有力的药物，一种是法国科学家从金鸡纳树皮上提取的奎宁，一种是以屠呦呦为代表的中国科学家在 20 世纪 70 年代从青蒿中提取的青蒿素。2001 年，世界卫生组织向恶性疟疾流行的所有国家推荐以青蒿素为基础的联合疗法。由此可见，青蒿素对人类健康的重大贡献。

1961 年 5 月，越南战争爆发。在两军交战时，疟疾横行，减员严重。越南向中国求助。1967 年，在毛泽东主席和周恩来总理的指示下，中国科研部门调集 60 多个单位的 500 名科研人员研发抗疟疾新药，可谓集全国精英。启动日期是 1967 年 5 月 23 日，因此，项目的代号被定为"五二三项目"。1969 年 1 月，屠呦呦以中医研究院科研组长的身份，参加了"五二三项目"。在这之前，科研人员筛选了 4 万多种抗疟疾的化合物和中草药，但结果都不满意。屠呦呦决定从系统整理历代医籍开始。她四处走访老中医，整理了一个 640 多种包括青蒿在内的验方集。最后，她把注意力集中到青蒿验方上。青蒿在中国民间又称作臭蒿和苦蒿。她从古方获得灵感，古方说"青蒿一握，以水二升渍，绞取汁，尽服之。"她从此入手，制取青蒿提取物。1971 年，她在实验室中观察到，这种提取物对疟原虫的抑制率达到了 100%。1972 年 3

月，屠呦呦在"五二三项目"工作会议上报告了实验结果。1973年，青蒿结晶的抗疟功效在云南地区得到证实。这种青蒿提取物就是青蒿素。在这之后，青蒿素的化学结构被确定。1976年，"五二三项目"基本结束了。因为卫生部保密的要求，3年后，论文《青蒿素的结构和反应》才发表在1979年5月出版的《化学学报》上。

从整个研究过程来看，抗疟疾研究是集体攻关项目，屠呦呦有着突出的贡献。

支持中医的人认为，青蒿素获奖，说明中医是科学，应该引起高度重视，大力发展。反对者则认为，青蒿素是从青蒿中提取出来的，青蒿素之所以能成为抗疟疾的特效药，就在于它是按照现代医药的方法提炼制造的，中医药古方只是提供了材料和启发。真正胜利的是现代医学，或者说，是西医。

就在国内还在争论纠结于中医药是否是科学的时候，中草药在欧美发达国家已经被接受，并且有越来越热的趋势。

1998年，美国大型制药厂和消费品制造商就已经推出用中草药制成的补剂。中草药补剂不但已打入美国主流药业，且形成一个庞大的市场。美国人开始注重养生，注意预防疾病。他们对美国传统的医疗制度不满，转而求助于中草药，需求日渐增多。此外，美国联邦食品和药物管理局放宽管制中草药制品等的健康食品，使制药商乐于投资开发中草药补剂，零售商也乐于推销。据统计，美国中草药补剂零售额1997年已经达到36亿美元，增幅为18%。如果从1994年联邦食品和药物管理局放宽管制算起，零售额增幅高达75%。增长快速，前景广阔。[1]

1999年末，美国《时代》把"中草药流行美国"作为封面主

---

[1]中草药补剂在美国大受欢迎，《中国中医药信息杂志》1999年第3期。

题，并以 12 页的篇幅介绍中草药。1999 年，美国用于治病的中草药营业额达到 37 亿美元，用于食品增补剂的消费额高达 80 亿美元。也就是说，中草药制品在美国的年销售额达到 120 亿美元。这是一个非常庞大的市场，每年仍以 10% 的速度增长。美国人在当年已经开始办起了中草药生产工厂，以中草药为原料生产片药、丸药、胶囊、酊草药茶、口服液等，年销售额也达到 30 亿美元。而美国中草药进口的市场潜力达到年均 6 亿美元。在这时，美国已经出现中草药产品网购。2000 年，《美国医学会学报》年初以整版篇幅对中草药开展讨论。①

德国是在西欧国家中使用中草药最多的国家。在 2000 年，中草药占领了德国和欧盟 70% 的市场。在德国的任何一家药店里，都可以买到中草药。由于担心现代制药的副作用，中草药在英国和法国也越来越受到欢迎。据世界卫生组织统计，截至 2000 年，全世界有 40 亿人服用中草药，中草药的开发利用在未来的 10 年内将在世界上全面兴起。

2010 年，中国中医药学者陈勇来到美国，面对美国的中草药市场既兴奋又痛心。兴奋的是，看见美国有机食品专卖店的货架上摆满了各种中草药制剂。比如，美国人喜欢羚翘解毒丸，认为它既能减轻咳嗽，又给咽喉带来一阵清凉舒服的快感，称之为"中国巧克力"。可以说，中草药发展大有希望。痛心的是，在琳琅满目的中草药制剂中，在中医药的传统领域，大多是欧美制造。比如美国加州宝宝公司以金盏菊、金银花、仙人掌为原料生产的纯中药软膏，治疗婴儿皮疹疗效非常好；瑞士一家公司生产的纯中药眼药水治疗红眼病点几次就痊愈了；德国生产的纯中药喷剂治疗鼻炎一喷立即见效。但是，这里很少看见有中国制造的重要

---

① 胡志军：中草药流行欧美，《国际经贸消息》2000 年 6 月 26 日。

产品。①

在中国传统的医药领域，在国际市场上，中国居然落后了！当一些还在热衷于中医药是否科学时，"欧美日"中医药技术正在发展，这还不值得中国人警醒吗？不值得中国人反思吗？

三、中医药：曾经的一场"存废"之争

中医药是否是科学之争，实际争论的是中医药是否还有存在的必要。鸦片战争之后，西方医学传入中国，对中医药学产生巨大冲击。大量出国留学人员回国，开始崇新排旧，认为新兴的西医淘汰古老的中医是历史必然。同时，西医医疗的效果确实明显。中医岌岌可危。

"中华民国"成立后，中医药被认为不是科学，废中医，立西医，成了民国政府的国家战略。

辛亥革命之后，北洋政府大力推行西方医学。北洋政府教育部于 1912 年 11 月颁布"医学专门学校规程"和"药学专门学校规程"，医学科目 48 种，药学科目 31 种，均无中医药学内容，完全将中医药学排斥在医学教育系统之外。对此，中医药界为争取教育合法化而不断抗争，各地舆论也反应强烈。尽管如此，1913 年，教育部公布"大学规程"、"医学专门学校规程"和"药学专门学校规程"，中医药学仍被排斥在国家正规教育之外。1928 年 11 月，南京国民政府卫生部成立。在 1929 年召开的第一届中央卫生委员会议，通过了余云岫等人提出的"废止旧医以及扫除医药卫生之障碍案"，另拟"请明令废止旧医学校案"呈教育部，要求在全国禁止中医中药开业，禁止中医办医院、办学校，取缔中医书刊。这就是著名的"废止中医案"。此案一出，迅速在全国引

①陈勇：中草药在美国热销带来的反思，《中国中医药报》2012 年 2 月 8 日。

起了声势浩大的反废止请愿运动。虽然提案没有被接受，但南京国民政府反中医药的基本政策却没有改变。

1933年6月，在国民党中央政治会议上，国民党中央委员石瑛等人提出制订《中医条例（草案）》。但是行政院长汪精卫却反对该提案，认为"中医言阴阳五行，不懂解剖，在科学上实无根据；至国药全无分析，治病效能渺茫"，主张"凡属中医应一律不许开业，全国中药店也应限令歇业。以现在提倡国医，等于用刀剑去挡坦克车"，致使该提案被压制2年之久。直到1935年，经过冯玉祥等人的再次呼吁，《中医条例》才于1936年1月颁布。但是，《中医条例》仍然存在许多歧视、排斥中医药的内容，并没有从根本上解决中医药的发展问题。抗战胜利后，在抗战中曾发挥巨大作用的中医药学受压迫的状况仍无改观。[①]

可以说，不管是北洋政府还是国民党政府，在医药卫生发展中，都实行一条"全盘西化"的政策，认为中医药是非科学的，要废除中医药学，处于受歧视和受排斥的地位。

要求以西方医学完全代替中医药学，彻底废立中医药学，这是与当时人们对社会历史认识有关。在20世纪初，中国积贫积弱。尤其是当时最流行的进化论的影响。人们认为现代西方的一切都是先进的，古老中国一切都是落后的，医药学也是如此。

同时，也要看到，从现代科学的标准来看，传统中医药学确实存在不足。

现代科学不是简单地由一些科学家进行研究，获得正确的认识。现代科学是与现代工业生产相联系的。因此，不管是什么样的科学，都要求实证，要求能被经验证明。科学的概念都能转化

---

①韩洪洪：从存废之争到走向复兴——新中国成立初期中国共产党发展中医药事业的论述，《中国医药报》2012年11月8日。

为一定的操作。更重要的是，这个操作是客观的、精确的，是在同样的条件下可以重复的。

爱因斯坦的广义相对论是非常抽象的理论物理学，很多结论对普通人来说，都是玄而又玄、超乎想象，如时空弯曲、黑洞、钟慢尺缩等等。但是，即使这样，广义相对论还是要经过经验验证。根据爱因斯坦的理论，处于时空中的物质能够影响其周围时空几何。粗略地说，就是当光在经过质量巨大的星球时，光会发生弯曲。这样的天体物理学难以验证。后来，英国著名科学家亚瑟·爱丁顿爵士设计了一个实验。在日全食的情况下，能够观测到星星。如果按照正常，这个星星应该出现在天空某位置。而如果爱因斯坦的理论是正确的，那这颗星星的光经过太阳时，就应该出现在稍微偏离一点的位置。因为光线在太阳的作用下，发生一定弯曲。为此，亚瑟·爱丁顿爵士率领探险队，专门来到非洲的普林西比岛观测。最后确证观测结果与广义相对论的预言完全相符，从而证明广义相对论是正确的。

至于具体的科学，那就更毋庸置疑，都必须经过实验验证。而且理论必须能解释现象，能在给定一定条件的基础上，准确预测结果。而且，所有这些，都是可以重复的。实证性、可预测性、可重复性、精确性，所有这些都与工业大规模生产相联系。实验室里的科学实验，最终都能转化为现代大工业生产，而且，根据实际需要，可以开发出各种产品，进行大规模生产。

在一定意义上，科学无非就是各种人类经验，从经验中抽象出理论，形成一个体系，进而解释预测各种现象。从这个角度说，中医也是科学。但是，还要看到，我国的中医药是与农业社会和手工业生产相联系的。因此，中医药具有模糊性，就是不精确；具有经验性，就是来自于经验，知其然不知其所以然。中医药的效果是存在的，解释却是错误的，甚至荒谬的。这也导致中医具有很明显的主观随意性特征。

这里，列举两个例子。

苏轼在《东坡志林》记载，欧阳文忠公尝言：有患疾者，医问其得疾之由，曰："乘船遇风，惊而得之。"医取多年柂牙（舵的把手处）为柂工手汗所渍处，刮末杂丹砂茯神之流，饮之而愈。今《本草注·别药性论》云："止汗，用麻黄根节及故竹扇为末服之。"文忠因言："医以意用药多此比，初似儿戏，然或有验，殆未易致诘也。"

清朝名医叶天士也有类似记载。据说他的邻居的一个妇人难产，别的医生已经处好了药方。她的丈夫拿着处方来问叶天士，叶天士在处方上加一片梧桐叶做引子，婴儿立刻就产下来了。后来有人也仿效叶天士在催产方上加梧桐叶。叶天士笑着说："医者，意也"。"其时是秋天，而梧桐先知秋气。其先百药不投，今以秋气动之，以气感气，所以……"

这两则广为传说的故事，都是谈中医"以意用药"。但是，这种用药，在现代科学看来，完全是没有根据的，因果关系都是臆测。没有药学原理。明显属于知其然不知其所以然。医生用药，完全凭借经验积累，有很大的随意性。

中医药的这种特征，如果是经验丰富的名医，就有可能医技神乎其神。如果碰到庸医，就可能变成胡说八道，骗钱害命。经过现代科学培训的人，自然无法容忍这种模糊性、经验性和随意性。因此，当人们以现代科学的标准看待中医药时，中医药确实存在不足。但是，还要看到，中医药积累了中华民族几千年的医药经验和智慧，有其独特理论和技法，不能因为这些不足就看不到中医的价值。把中医神乎其神是错的，把中医简单地认为是伪科学，也是错误的。

四、中医药的巨大贡献：新中国成立以来的成就

屠呦呦在发表获奖感言时，曾说到："她想感谢中国的一位伟人——毛泽东。这位伟大的政治家、思想家、军事家、诗人十分重视民族文化遗产，他把中医摆在中国对世界的'三大贡献'之首，并且强调'中国医药学是一个伟大的宝库，应当努力发掘、加以提高'。1954年，毛泽东指示：'即时成立中医研究院。'它就是我的工作单位——中国中医研究院的前身，也是成就我一番事业的平台。"

新中国成立后，中医药受到了高度重视。这是屠呦呦先生药学研究取得重大成果的历史背景。而这与党和国家领导人，尤其是毛泽东对中医的高度重视是分不开的。

毛泽东在不同的场合，多次讲话、批示，提出要重视中医，发展中医。

1954年4月21日，毛泽东审阅了中共中央关于加强中医工作的指示（草案），并对以下内容进行了修改：在指示草案的"对待中医的问题，实际上是关系四万万七千万农民的疾病医疗问题"一句中的"四万万七千万农民"之后，加上"及一部分城市居民"；在"我们应该有批判地接受这一部分文化遗产，去其糟粕，存其精华，把它的合理部分增加到医学中去，更好地为治疗疾病，增进人民健康服务"一句中的"医学"之后，加上"科学"二字，在"治疗疾病"之前加上"预防疾病"，在"依靠中西医合作，根据中医实际应用的经验，进行一种谨慎的长期的科学研究工作"之后，加上"和说服教育工作"；在"将中医团结起来，安定下来，把他们现有经验保存下来"这段话中的"现有经验"改为"现有的合理经验"。

在这里，毛泽东实际提出了中医药发展的三大基本原则。第

一，发展中医药事业要立足国情，从保护中华优秀传统文化的角度出发，坚持科学、客观的态度，正确处理好继承和创新的关系。第二，发展中医药事业要辩证地处理好与西医的关系，坚持中西医相结合的原则，互相促进，互为补充。第三，发展中医药事业要走健康、持续、可发展的道路。①

新中国成立后，中医药受到高度重视，不断发展，这离不开领袖人物的战略眼光。同时，这也是中国医疗卫生事业发展的要求。

新中国建立了社会主义制度。《宪法》明确规定，人民是国家的主人。中国的发展，最终要表现为人民群众受益。因此，发展医疗卫生事业，增强人民体质，保持身体健康，病有所医，自然成为新中国的重要任务。但是，新中国却面临着巨大困难。

第一，新中国成立之初，卫生工作面临疾病丛生、缺医少药的严峻局面。据 1949 年统计，全国中西医药卫生技术人员只有 50.5 万人，其中高级技术人员（即高等医学院校毕业的医药人员）仅有 38875 人，而且绝大部分在大城市工作。全国有医院 2600 所，病床 8 万张。中国当时有 4 亿人口。这个医疗卫生状况确实太差了。根据当时乡村的一般调查，全国约有 80% 的病人未得到正规的医疗服务。

第二，新中国对医疗卫生的投入受到财政限制。新中国成立后，在经济恢复后，开始了规模空前的工业化建设。在这一时期，前后启动 156 项大型工程，另外还有相应的配套工程。在这之后，中国一直实行高积累，低消费。再加上中国生产力水平本来就低，财政收入极为有限。

第三，在新中国建立很长一段时间，中国缺乏外援。先是美国封锁中国，然后是和前苏联断绝关系。到了 20 世纪 60 年代，

---

①韩洪洪：毛泽东：把中医提到对全世界有贡献的高度，《中国中医药报》2014 年 11 月 19 日。

中国没有任何外援，同时，还要偿还前苏联债务。

在这种历史条件下，挖掘中国传统医学宝库，发挥中医人才的潜力，就成了必然的选择。

这种选择也和中国共产党领导的革命斗争经验有关。中国共产党领导的中国革命走的是一条以农村包围城市，以弱胜强的道路。中国共产党来到贫困的农村，建立根据地。他们更了解农村的实际情况。根据地经常被强大的敌人围困、封锁。缺医少药的情况屡见不鲜。因此，中国共产党更能利用中国传统医药，利用各种中草药，解决根据地军民的医疗问题。中国共产党的领导人更了解中医药在中国农村中的重要地位。

可以说，中国是在财政有限、低投入的情况下，实行中西医相结合，大力发展中医药，以农村为重点，建立低水平、广覆盖的医疗体系。在当时的历史条件下，为人民群众的身体健康提供了重要保证。新中国成立初期，我国人均寿命为 35 岁，到了 20 世纪 70 年代，已经达到 65 岁。

最能代表这种医疗卫生发展模式的就是在世界范围内都有影响的"赤脚医生"制度。赤脚医生原来是有一定文化基础的人民公社社员，在经过一定时期的培训后，具有了一定的医疗卫生知识和技能，成为乡村医生。他们一面参加集体生产劳动，一面为社员治病。在最鼎盛时人数达到 100 万。赤脚医生最重要的特点就是低成本。赤脚医生身在农村最基层，他们积极实行中西医结合防治疾病，积极利用大量的中草药，积极利用各种土方、土药、单方、针灸、拔罐等治疗疾病的方式。中医药受到了高度重视，也做出了重要贡献。中医药在旧中国的影响曾一度日渐衰微。在 20 世纪六七十年代的医疗体制中，又重新焕发了新的生命。

经过新中国成立后 60 多年的努力，我国中医药取得了巨大进步，中医药成为我国医疗卫生体系的重要组成部分。

据统计，截至 2008 年，全国有中医医院 3115 所，床位 40.09 万张，70%的县设立了中医医院，90%以上的综合医院设有中医、中西医结合或民族医科，72%的乡镇卫生院、92%的社区卫生服务中心和 54.7%的社区卫生服务站能为群众提供中医药服务。在农村卫生室，40%的乡村医院采用。在医学临床中，中医或中西医结合疗法在临床各科许多疾病中被广泛采用。我国形成了完整的中医药教育体系，中医药院校在继承中医药文化、培养现代中医药人才以及中医药临床和现代化研究等方面都取得了令人瞩目的成就。

对医药古籍和中医药药剂进行系统整理。据统计，我国现存中华民国以前的古代医籍共 12000 余种。1965 年卫生部制定中医古籍整理的十年规划，1982 年卫生部又拟订了"1982—1990 年中医古籍的整理出版计划"，共计划点校、整理近 600 种古代医籍。在中药制剂方面，新中国成立以来，我国于 20 世纪 60 年代、70 年代、80 年代先后进行了三次大规模的全国中草药资源普查工作，发现了许多新品种、新药源，使中药品种显著增加。最后一次到 1994 年进行的普查，覆盖了 80%的国土，收集和鉴定了药用植物、动物及矿物药材达到 12807 种①。

这些成就，为中医药的可持续发展打下基础，为"健康中国"建设储备了丰富的人力和知识储备。

五、激烈竞争：国际医药产业中的"中医药"

当人们为屠呦呦获奖而激动的时候，很多人忽视了一个非常重要的细节。在当时的历史情况下，中国还没有专利制度。屠呦呦以及其所在研究院，没有申请专利。青蒿素作为药品，其巨大

---

① 周志彬：新中国六十年中医药事业的成就，《中医药管理杂志》2009 年第 10 期。

的商品价值被外国医药大公司所获取。

科技专利制度实际上是在资本主义制度下形成的商业垄断制度。这促使商业公司能够投入巨大资金发展科技，开发新商品，同时，也保护开发者在一定时期独享商业利益的权利。

在社会主义市场体制情况下，在讨论中医药发展时，在讨论中医药研发时，也必须有市场概念，必须有产业竞争的视野，必须有国内市场和国际市场产业竞争的观念。

"健康中国"的建设，离不开医药和医疗用品市场。医药用品的价格、国家财政投入和老百姓的收入这三者决定了"健康中国"的水准。其中，质优价廉的医药用品占有关键地位。而医药用品是否质优价廉，除了国家政策外，还在于是否打破国际医药巨头的垄断。

就现代医药来说，医药研发高风险、高投入，从合成新药分子到实验室动物实验，再到临床试验、最后上市，平均需要 10 年以上的时间，投入金钱都要以亿美元来计算。一旦新药上市，价格昂贵。在专利保护期，国际医药巨头就能以超出成本十倍甚至百倍的方式定价获得巨额垄断利润，直到专利保护期结束，其他公司才能够模仿。这时，价格和利润均急剧下跌。即使这样，如果一个国家没有药物仿制能力，药品的价格仍旧会很高。现在，一些国际医药巨头也在尽量减少投入，变相维持垄断。近十几年来，美国 FDA 批准的大多数"新药"，其实不过是旧有药物的微小改良版。制药业巨头热衷于研发这类药物的目的只有一个，就是用结构类似的新分子实体替代专利已经过期的新药（本质上，化学药物都可以视为分子实体），以维持超额利润。[1]

我国西药生产多仿制，少开发。由于我国有强大的仿制能

---

[1] 江华:进口新药,我们真的那么需要吗?《医学争鸣》2014 年第 6 期。

力，能够生产专利保护期结束的药品，很多西药才能价格低廉。如果我国能加强创新，自主研发新药，打破国际医药巨头垄断，就能在更大幅度上降低医疗费用。

药品市场竞争，一方面是技术竞争，技术赶超打破垄断。这是我国医药发展的最终目标。另一方面就是发挥自己的相对优势。从我国医药产业和国际医药巨头竞争来说，中医药是我国的天然优势，不管是从医药来源、验方，还是中医人才，都具有巨大优势。但是，也许会让很多人感到意外，我国的中医药产业并没有人们所想象的那么强大，或者说，巨大的潜力没有挖掘出来。我国是中医药大国，但不是中医药强国。日、韩、美、欧等国企业利用中国古方，造出了质量更佳的"洋中药"，占据国际市场，冲击中国国内市场。

2004 年，陕西省科学院主持的一项研究显示，时年，"洋中药"已占了 20% 的国内市场，而且这个比例还有扩大的趋势。陕西省中药材协会提供的一份统计报告显示，2003 年，我国中药出口突破 7 亿美元大关，较前些年有了较大增长。但是，日本某公司利用中国的六神丸古方，稍加改造，改名为"救心丸"，行销世界各地，年销售额达 1 亿美元。韩国仅"高丽参"一项出口就相当于我国全部中药材出口额的 50%，且其价格比我国人参高出 10 倍左右。当年中成药国际市场的销售额每年约 160 亿美元，其中日本占到了 80%，韩国占 10%，而中国只占 5% 左右。但国外企业所用中药原材料八成来自中国。①在全球中医药产业中，中国实际成为中草药原材料出口国。

2013 年，我国全年中药类产品出口额达 30 亿美元。虽然增长较快，但在中药类产品中，植物提取物占据中药类产品出口比

---

① 白林、梁娟、王利："洋中药"来头大，中药大国获利小，《经理日报》2004 年 11 月 7 日。

例最大，有时达一半以上。2010 年植物提取物出口额达 8.2 亿美元，2011 年植物提取物出口额突破 10 亿美元大关，2012 年出口额为 11.6 亿美元。很明显，这种提取物实际是中药材的初级加工。如果草药初级加工在出口中占据比重较大，实际上说明我国中成药的研发和制作还处于劣势。

正当某些网络大 V 对中医药嗤之以鼻时，外国医药公司却早已盯上了"中医秘方"。一些外国公司一方面抢先申请专利，另一方面，千方百计在中国寻找秘方。多年前，韩国商人就多次找到北京国葆堂王氏脊柱疗法的负责人，要花巨资买疗法的医药配方，被传承人拒绝。韩国商人也曾找到药物火罐第二十二代传人辛仕成，愿意花大价钱买药物火罐的配方。广州一教授研发一皮肤病用药，被英国一家机构窃走配方，并在许多国家申请了专利。被誉为"中华特色药"的抗癌新药金龙胶囊就是在餐桌上，在仅有口头协议的前提下，美国某基因科学家纳达金获得 300 克半成品，很快研制出有价值的"活性成分"。[1]

这些外国公司获取中国医药秘方、验方的手法各种各样，有些公司通过在我国成立分公司或办事处，以商贸活动形式收买已接近技术鉴定的中医药科研成果，然后申请专利；有些外国研究机构，通过举办学术会议，大肆收集中医药技术情报；还有些外国机构邀请我国医药企业、研究单位赴境外进行合作研究直接获取情报；日韩等国则利用国内一些企业资金上的缺乏，采取合资建厂或技术合作的方式，名正言顺地拥有专利申请权；还有些外商利用国内民间有大量中医秘方、偏方，而处方拥有者又缺乏知识产权保护意识的现状，大量以低价购买，并抢先申请专利。[2]

一旦国际医药大公司大量获得中国的古方、验方，再凭借经

---

① 高益民：大力加强中医方药保密工作，《中国中医药报》2001 年 7 月 20 日。
② 陈宁：秘方能保护吗？《医学管理论坛》2004 年第 10 期。

济实力和技术实力，进行大量研究，用现代的制药工艺进行制作加工，中国医药产业就会优势尽失，中国的医药市场将被这些医药巨头垄断。中国这个中医药发源地，就会变成他们的加工车间，变成他们的原材料。这将对"健康中国"的发展，产生巨大的冲击。

六、未来展望：中医药发展的大方向

在我国"健康社会"的发展中，鉴于我国中医药存在的优势和问题，我国政府应当加大投入，制定引导政策，大力推动中医药发展，这种发展包括以下几个方向。

第一，加强中医药、民族医药的挖掘和保护。

我国中医药和民族医药保护包括以下几个层面：一是加强中国古代医学典籍的整理和研究。我国现存民国以前的古代医籍共12000余种，到"1982—1990年中医古籍的整理出版计划"结束，共计划点校、整理近600种，未点校的中医古籍数量巨大。这是一笔宝贵的财富，国家应该组织人力物力，进行有计划地点校、整理和研究。二是加强我国民族医药的古籍整理。我国藏医、苗医等都有悠久的医药传统，对其中有文字记载的典籍应该进行整理、翻译和研究。三是加强对中医民间验方、秘方的搜集、整理，包括重视对各民族民间验方和秘方的搜集整理。四是对濒临失传的一些中医药制作方法和民间疗法，应该作为非物质遗产保护，作为民族医药文化加以保护。

我国中医药保护的重点是民间验方和秘方。民间"验方"也就是常说的"偏方"。其特点是简便实用。外国医药公司以各种手段搜集我国相关资料。民间验方具有经验性，往往知其然不知其所以然，而且只是针对某种病症，且安全性没有检验。我国相关部门应该设立专门机构，进行搜集整理。秘方则是由家族或医药传人保存，秘不示人。在现代市场经济中，没有申请专利的秘方不受法律保护。但秘方一旦申请专利，就等于向社会公布，也就无秘密可言。就这个问题，我国政府应该针对中医药的特点，就专利法规、专利审批程序、时间跨度进行相应研究和改进，使其能更大限度地保护中医药秘方。同时，在我国相关部门和相关人员中，要大力加强保密意识教育，并完善相关法律，加强行政保护力度。

第二，加强对重大疑难疾病、慢性病的中医药自主研发。

西药研发投入巨大。我国中医药古方、验方和秘方，实际上已经经过了长时间的检验，相当于已经进行了初级的研发和临床试验，为制作现代医药打下了基础，指明了研究方向。我国医药可以在此基础上进行二次研发。对于我国中医药发展方向，一直存在争议。一种观点认为要中药西制，从中国传统方剂中提炼西药。一种观点认为要坚持用中医的方法来开发新药。两种观点相持不下。我国现在处于社会主义市场经济，政府、市场和社会三种力量都可以进行医药开发。在开发资金来源和力量上，并不存在资金短缺的问题。因此，对于两种中医药现代化发展方向，不必急于结论，而是各自发展，保持相互竞争。在治疗重大疾病和慢性病的中医药开发中，可以根据实际情况，确定药物开发的方法。如果是单方，只有一种药物，类似于青蒿素的提炼，很有可能是其中某种物质在起作用，就可以集中力量用现代医学方法提炼研发。如果是复杂的复方，就可以把中医方法与现代科技相结合，对药物进行升级，提高药物质量和疗效。同时，也可以进行现代医学开发，探索药效是否来自某种化学合成物质。总之，可以是百花齐放，以竞争促进自主研发。

第三，提高中成药的制造水准，提升市场竞争力。

从国际市场的竞争来看，我国中成药存在以下问题：污染问题，如重金属含量超标、农药化肥污染等；剂量与标示不符。2008 年 11 月，检测发现 7 种银杏制品中有 4 种含量低于标签说明，且最高和最低含量相差高达 200 倍；在草药中掺入西药成分，欧美崇尚纯天然，在纯草药中加入西药被视为违法；对药物成分相互作用标注不清。[1]

因此，我国要制定相应政策，提升中医药质量。在中草药产地要制定相应法律和政策，强化中药材资源保护利用和规范种养，维护生态环境，保护河流土壤，注重使用天然有机肥料；完善、提升中医药标准体系，尤其是要针对国际市场，建立国际通行的、能被欧美市场认同的中成药标准；在产品标注形式上要注重科学化和规范化；探索运用现代医药技术，提升中医药制剂工艺，提升中医药质量。加强中医药产业运作模式，使其能够面对市场竞争，运作更灵活，对市场信号反应更敏捷快速。加强监管，严保质量；建立相应的责任源头追究机制。一旦药物发生重大问题，要追究质量监督责任人的责任。

第四，加强农村和社区中医服务建设，完善中医服务网络。

我国中医已经形成了相对完整的医疗体系，在省、市都设有中医院，在绝大部分县设有中医院。在完善中医服务网络中，要重点加强基层中医服务网络建设。在乡、村和城市社区医院中，加强中医药人员的配备与培养，对医生进行相关培训，掌握一定的医疗、预防、保健、养生等中医技能。能够真正起到以健康为中心，以预防为中心的作用。在国家中医服务网络之外，鼓励社会力量提供相应的中医药医疗、保健和养生服务。

第五，发展中医药健康产业。

随着"健康中国"上升为国家战略，将带来十万亿级的产业

---

[1]陈勇：中草药在美国热销带来的反思，《中国中医药报》2012 年 2 月 8 日。

投资。相关研究报告显示，"大健康"产业已成为全球最大的新兴产业。统计数据显示，美国的健康产业占 GDP 比重超过 15%，加拿大、日本等国健康产业占 GDP 比重超过 10%。我国的健康产业仅占 GDP 的 4%—5%。中国健康产业还有巨大的发展空间。中医的理念重视"药治未病"，重视养生，有丰富的养生方法和技术。中医健康产业将在健康产业发展中占据举足轻重的地位。

近年来，以养生保健为理念的中医药保健品发展很快，形成了一些中医药健康产业，企业数量和年产值不断增长。在市场上逐渐出现中药保健用品，诸如保健袋、枕、洗剂、擦剂、粉剂和功能用具，又如各种中药化妆用品、按摩玉滚、按摩玉珠、玉枕、药枕、保健帽、各种保健腰袋、护膝、护眼器、保健脐袋等。

我国中医药保健产业存在很多问题。作为现代产业来说，尤其是面对国际市场的情况下，我国中医药产业存在的一个重要问题就是不够规范，产品缺乏新意，宣传夸大其词，与现存保健品目录存在矛盾。

因此，我国政府要尽快制定法规，加强宏观引导。由国家有关部门制定中医药保健产业发展规划，将其列入产业结构调整指导目录，并纳入国家行业统计目录；加强中药保健品的市场监管；在技术、税收、金融政策上给予支持；完善促进中医药保健产业发展的法律法规和标准体系，尽快出台《保健器械管理办法》、《中医药保健服务业管理办法》；发挥行业协会在促进和规范中医药保健产业健康发展中的重要作用，加强行业自律，国家授权或委托行业协会参与基础标准、质量技术指标、标准测定方法和协会标准的制定，推动行业和国家标准的出台。

第八章
更多获得感：全体人民的共建共享

2015 年 2 月 27 日，习近平主持召开中央全面深化改革领导小组第十次会议并发表重要讲话。他强调，要科学统筹各项改革任务，推出一批能叫得响、立得住、群众认可的硬招实招，把改革方案的含金量充分展示出来，让人民群众有更多获得感。2015年 12 月 31 日，习近平主席发表 2016 年新年贺词时，指出："经过全国各族人民共同努力，'十二五'规划圆满收官，广大人民群众有了更多获得感。"在 2016 年 2 月 23 日召开的中央全面深化改革领导小组第二十一次会议上，习近平总书记提出评价改革的新标准："把是否促进经济社会发展、是否给人民群众带来实实在在的获得感，作为改革成效的评价标准。""让人民对改革有更多获得感"，道出了广大人民群众的心声和期盼，也为改革指明了方向。

一、增加公共服务供给：职责与机遇

2015 年冬季达沃斯论坛于 1 月 20 日至 24 日在瑞士达沃斯举办，本届年会主题是"全球新局势"。李克强总理在达沃斯论坛发表演讲。他表示，重点是扩大公共产品和公共服务的供给，中国

经济发展虽然取得了很大的成就。但是公共产品和服务不足仍是短板，目前中国公共设施的存量仅为西欧国家的 38%，北美国家的 23%，服务业水平比同等发展中国家还要低 10 个百分点，而城镇化则比发达国家低 20 多个百分点。这当中也蕴藏着公共产品与服务的巨大空间，增加这方面的供给属于政府分内的职责，是改善民生的必要举措，也是扩大内需的重要推手。

（一）公共服务模式的产生和演变

公共服务在内容上十分广泛，包括加强城乡公共设施建设，发展教育、科技、文化、卫生、体育等公共事业。在西方，公共服务模式大体经过了官僚制公共服务模式阶段、新公共管理公共服务模式阶段和"整体政府"公共服务模式阶段。

1.公共服务模式的演变。20 世纪 50 年代到 70 年代，西方各国普遍采用传统的官僚制公共服务模式，由政府机构以制度和规则的方法来提供公共服务，其服务的范围主要集中在政府组织的内部。这种模式的主要缺陷是对公众的公共服务需求反应迟钝，出现"政府失败"和"公共服务失灵"。20 世纪 70 年代以后，西方各国先后开展了"政府再造"，用新公共管理公共服务模式替代传统的官僚制公共服务模式，主要是通过建立分散化和小型化的执行机构，缩小和降低官僚机构的规模和集中化程度，并在公共服务供给主体之间广泛开展竞争。此举大大提高了公共服务的效率，但是往往忽视了部门之间的合作与协调，造成了碎片化的制度结构，影响了公共服务效率的持续提高。20 世纪 90 年代中后期，以英国为代表的西方各国开启了以"整体政府"为主要内容的新的政府改革运动。1997 年，布莱尔所在的工党取得执政地位，为了克服公共服务官僚制方法的缺陷，工党政府制定了"整体政府"发展规划，以此推进公共服务改革。1999 年，布莱尔政府颁布《现代化政府白皮书》，推出一个实施"整体政府"改革的十年规划。这个规划包括五项政策建议，即提供回应性公共服务、提高公共服务的质量、重视公共服务的价值、改进政策制定以及建立信息时代的政府，就是构建"整体政府"公共服务模式。[1]工党政府在公共服务提供问题上不仅关注"节约"与"效率"，而且积极回应公民意愿，以一种相当综合的标准评价公共服务。

2. "整体政府"模式的内涵。"整体政府"亦称"协同政府""全面政府""网络政府""连接政府"等。"整体政府"强调要打破部门界限，打破各自为政的管理方式和服务方式，建立以流程为中心的多团队的扁平化网络状结构，其中包括政府与非政府组织、政府部门与社会组织，以及政府内部各层级与各部门等基于业务形成的合作关系。"整体政府"的责任框架既要改善机构间的协调与合作，保持垂直问责制，也要在横向协作和纵向问责之间保持一定的张力。总之，"整体政府"最根本的目标就是在不消除组织边界的前提下，通过部门之间的有效协作，向所有公民提供优质高效、"无缝隙"的公共服务。

3. "整体政府"模式的发展。随着英国公共服务改革不断取得成效，很多西方国家相继进行了"整体政府"公共服务改革。在澳大利亚，"整体政府"是指公共服务机构为了完成共同的目标而实行的跨部门协作，以及为了解决某些特殊问题组成的联合机构。澳大利亚管理顾问委员会在 2004 年的报告中，提出了以"一起工作"的口号，以形成相应的价值和行为准则来推进整体政府的实施。新西兰则通过协作、一体化的管理方式，促使各种公共管理的主体达到协调一致与功能整合，为公众提供更好的公共产品和公共服务。另外，荷兰、瑞典、加拿大、美国等国的地方政府也进行了类似"整体政府"的公共服务改革。

---

[1] 张立荣、曾维和：当代西方"整体政府"公共服务模式及其借鉴，《中国行政管理》2008 年第 7 期。

（二）创新公共服务提供方式

随着改革开放的不断深入和社会主义市场经济的进一步完善，我国的公共服务在内容和方式上也有了很大变化。党的十八大报告强调，"要按照建立中国特色社会主义行政体制的目标，深入推进政企分开、政资分开、政事分开、政社分开，建设职能科学、结构优化、廉洁高效、人民满意的服务型政府。"党的十八届五中全会指出，"创新公共服务提供方式，能由政府购买服务提供的，政府不再直接承办；能由政府和社会资本合作提供的，广泛吸引社会资本参与"。加快社会事业改革。

从现实来看，我国社会需求呈现出多元化、多样化的趋势，在这种情况下，政府职能应该实现从经济调控和市场监管向社会管理和公共服务的逐步转变。向社会组织购买公共服务，对于提高政府公共服务水平，建设服务型政府具有重要意义。

政府购买公共服务，是指政府将公共服务交由社会组织、企业等社会力量提供，政府向其支付费用的新型机制。政府购买公共服务源于西方国家的社会福利制度改革，从 20 世纪 80 年代起在欧美等发达国家得到普遍运用。从国外发展经验来看，各种社会组织是政府购买服务的重点选择。在美国，社会组织提供了政府出资所有社会服务的 56%，就业和训练服务的 48%，保健服务的 44%；在德国，志愿社团或福利协会提供了 90% 的助残服务、70% 的家庭服务、60% 的养老服务和 40% 的医院病床服务。英、法、日等国家都有类似做法。通过公共服务的市场化和社会化，政府在公共服务供给机制上引入了市场机制和合作机制。

2014 年 12 月，国务院发布《中华人民共和国政府采购法实施条例》，明确规定政府采购法第二条所称服务，既包括政府自身需要的服务，也指政府向社会公众提供的公共服务。政府购买公共服务已经成为一种重要的公共服务方式，特别是在教育、养老服务、社区公共卫生服务、就业服务及其他各类专业服务领域得到日益广泛地运用，并取得了一些成效。

（三）不断增加公共服务供给

目前，我国的公共服务体系基本建立、覆盖面持续扩大，人民生活水平和质量加快提高。"十三五"期间，要实现"就业比较充分，就业、教育、文化、社保、医疗、住房等公共服务体系更加健全，基本公共服务均等化水平稳步提高"的目标。《中共中央关于制定国民经济和社会发展第十三个五年规划的建议》提出：增加公共服务供给。坚持普惠性、保基本、均等化、可持续方向，从解决人民最关心最直接最现实的利益问题入手，增强政府职责，提高公共服务共建能力和共享水平。加强义务教育、就业服务、社会保障、基本医疗和公共卫生、公共文化、环境保护等基本公共服务，努力实现全覆盖。加大对革命老区、民族地区、边疆地区、贫困地区的转移支付。加强对特定人群特殊困难的帮扶。

增加公共服务供给，要从解决人民最关心最直接最现实的利益问题入手，努力提升人民群众的获得感和幸福感，促进社会和谐稳定。例如，进一步推动义务教育均衡发展；完善就业服务体系，维护劳动者平等就业权利；建立更加公平更可持续的社会保障制度；深化医疗卫生制度改革；加快基本公共文化服务标准化、均等化发展；加快健全农村基本公共服务体系，积极推进城乡基本公共服务均等化；中央政府和发达地区要加大对革命老区、民族地区、边疆地区、贫困地区的帮扶力度，推进这些地区的公共服务体系建设，促进区域间基本公共服务均等化；对特定人群特殊困难的，要开展有针对性的帮扶，等等。

二、实施脱贫攻坚工程：一场必须胜利的战役

党的十八届五中全会关于"十三五"规划的建议明确指出：

"我国现行标准下农村贫困人口实现脱贫，贫困县全部摘帽，解决区域性整体贫困。"2015 年 11 月 27—28 日，中央扶贫开发工作会议在北京召开。习近平发表重要讲话强调：消除贫困、改善民生、逐步实现共同富裕，是社会主义的本质要求，是我们党的重要使命。全面建成小康社会，是我们对全国人民的庄严承诺。脱贫攻坚战的冲锋号已经吹响。我们要立下愚公移山志，咬定目标、苦干实干，坚决打赢脱贫攻坚战，确保到 2020 年所有贫困地区和贫困人口一道迈入全面小康社会。《中共中央国务院关于打赢脱贫攻坚战的决定》也明确了打赢脱贫攻坚战的总体目标："到 2020 年，稳定实现农村贫困人口不愁吃、不愁穿，义务教育、基本医疗和住房安全有保障。实现贫困地区农民人均可支配收入增长幅度高于全国平均水平，基本公共服务主要领域指标接近全国平均水平。确保我国现行标准下农村贫困人口实现脱贫，贫困县全部摘帽，解决区域性整体贫困。"实施脱贫攻坚工程已经成为党和政府的一项重要工作。

（一）消除贫困是世界性的难题

贫困是人类社会发展中的一种常见现象。美国学者史蒂芬·M·博杜安在《世界历史上的贫困》一书中认为，从 1500 年左右起，贫困逐步成为一个全球性的问题。从社会学角度来看，贫困是一种传染性极强的疾病。消除贫困是对一个国家治理能力的挑战。工业革命之前，绝对贫困人口占据世界总人口的一半以上。工业革命之后，随着生产力的发展，科技进步，社会财富的成倍增长，农作物的大幅增产，相对贫困成为社会中的主要矛盾。在相对贫困的社会中，人们关注的是基本的住房、医疗卫生、可支配收入、生活最低保障等问题。

英国是最早制定收入贫困标准的国家，之后美国也开始制定收入贫困标准。到 20 世纪 90 年代中期，全球已有 30 多个国家制定了收入贫困标准。英国学者朗特里按照"获得维持体力的最低需要"的"购物篮子"所需要的货币预算，对英国约克市的贫困线进行了估计，测算出六口之家一周 26 先令的贫困线，其中包括一周最低的食品预算为 15 先令，以及一定的住房、衣着、燃料和其他杂物。1950 年以前，英国选用基本的食品、衣着、住房需求的"购物篮子"作为衡量贫困的标准。随着现代福利国家的建立，用"购物篮子"来测量贫困的方法被废除。1979 年以来，英国对贫困的定义是"家庭收入低于收入中位数的 60%"。据此测算，英国 1979 年有 13.7% 的人口处于贫困线以下，2006—2007 年有 22.2% 的人口处于贫困线以下。[1]美国斯坦福大学贫困和不平等研究中心发布的最新研究报告显示，与其他发达国家相比，美国仍存在严重的贫困与分配不公现象。报告针对澳大利亚、英国、意大利、德国、法国、挪威、加拿大等 20 多个国家展开调查，内容包括贫困、就业、收入与财产公平、经济流动性、教育支出、医疗保健等多个方面。结果显示，与其他被调查国家相比，美国存在严重的贫困与分配不公问题。[2]据德国媒体报道，2014 年，德国的贫困率为 15.4%，仅比 2013 年下降了 0.1%。而在 2013 年之前，德国贫困率连续 10 年攀升。据统计，德国有 1250 万人生活在月收入 892 欧元的贫困线以下。数据显示，大量的失业者、儿童和单亲孩子的父母饱受贫困之苦。欧盟对"贫困人口"的划定以月收入或年收入低于该国平均收入中位数的 60% 为基准，这使得欧盟各国在贫困线的具体数额上差距很大。2014 年，在卢森堡和挪威年收入少于 16000 欧元的民众就可以归入"穷人档"，但在欧洲最落后的罗马尼亚，只要年收入超过 2500 欧元即可脱贫。

---

①王小林：贫困标准及全球贫困状况，《经济研究参考》2012 年第 55 期。
②王硕：斯坦福大学报告显示美国贫困与分配不公问题依然严重，《中国社会科学报》2016 年 2 月 17 日。

2013 年，捷克以 8.6% 的贫困率成为欧盟贫困率最低的国家。实际上，捷克划定的贫困线仅为 6654 欧元，远远低于德国等其他欧洲国家。①据日本《每日新闻》报道，过去 20 年来，收入在最低生活保障线以下的贫困育儿家庭数量增加了 1 倍。日本 47 个都道府县中有 39 个其育儿家庭贫困率超过 10%。调查显示，1992 年日本全国约有 70 万户收入在最低生活保障线以下的贫困育儿家庭，2012 年增至约 146 万户，增幅超过 1 倍。与此同时，日本育儿家庭的总数从约 1293 万户减少至约 1055 万户，减少近 2 成。从行政区来看，贫困率最高的 10 个行政区中的 8 个集中在日本西部地区。②当然，发达国家的贫困问题，主要是一种相对贫困。

与发达国家相比，发展中国家特别是最不发达国家的贫困问题更为严峻，很大程度是一种绝对贫困，即"生存贫困"。2014 年 12 月 15 日，联合国开发计划署发布的《2014 年最不发达国家报告》指出，目前共有 48 个国家被联合国定为"最不发达国家"。最不发达国家分布在以下区域：非洲（34 个）：安哥拉、贝宁、布基那法索、布隆迪、中非共和国、乍得、科摩罗、刚果民主共和国、吉布提、赤道几内亚、厄立特里亚、埃塞俄比亚、冈比亚、几内亚、几内亚比绍、莱索托、利比里亚、马达加斯加、马拉维、马里、毛里塔尼亚、莫桑比克、尼日尔、卢旺达、圣多美和普林西比、塞内加尔、塞拉利昂、索马里、南苏丹、苏丹、多哥、乌干达、坦桑尼亚联合共和国、赞比亚。亚洲（9 个）：阿富汗、孟加拉国、不丹、柬埔寨、老挝人民民主共和国、缅甸、尼泊尔、东帝汶、也门。加勒比（1 个）：海地。太平洋（4 个）：基里巴

---

① 田博：德媒：德国贫困率居高不下鲁尔区全德最穷，http://www.oushinet.com/news/europe/germany/20160224/222292.html
② 赵松：日本贫困育儿家庭数量 20 年增加逾一倍，http://world.people.com.cn/n1/2016/0219/c1002-28135699.html

斯、所罗门群岛、图瓦卢、瓦努阿图。2015 年 11 月 25 日，联合国贸易和发展会议发布报告，呼吁各捐助国履行对最不发达国家的援助承诺，确保实现 2030 年消除极端贫困的可持续发展目标。此次贸发会议在《2015 年最不发达国家报告》中指出，过去二三十年来，全球最低人均消费水平始终停滞不前，而要完成到 2030 年彻底消除贫困的目标，这一数字必须在未来 15 年内翻番。报告同时指出，最不发达国家中超过三分之二的人口生活在农村，农村地区贫困人口比例是城市的两倍，转变农村经济结构、消除农村贫困是完成可持续发展目标的关键。

1992 年 12 月 22 日，第 47 届联合国大会决定将每年的 10 月 17 日定为国际消除贫困日，以引起国际社会对贫困问题的重视，并动员各国采取具体行动来解决贫困问题。1995 年 3 月，联合国将 1996 年定为"国际消除贫困年"。同年 12 月，联大又将 1997—2006 年定为第一个"国际消除贫困十年"。2000 年 9 月，联合国千年首脑会议把到 2015 年将世界极端贫困人口和饥饿人口减半，作为联合国千年发展目标之一。2008 年 12 月，联大再次确定 2008—2017 年为第二个"国际消除贫困十年"。联合国把 2015 年国际消除贫困日的主题确定为"构建一个可持续发展的未来：一起消除贫穷和歧视"。2015 年 7 月，联合国发布的《千年发展目标 2015 年报告》显示，生活在极端贫困中的人数已从 1990 年的 19 亿降至 2015 年的 8.36 亿。全球极端贫困人口减半的目标已基本实现。2015 年 9 月举行的联合国发展峰会通过了 2015 年后发展议程。新发展议程包括 17 个可持续发展目标和 169 个具体目标，可持续发展目标中的第一个就是"在全世界消除一切形式的贫穷"，下设 7 个具体目标，其中第一个目标是"到 2030 年，在世界所有人口中消除极端贫穷"。

2015 年 10 月 4 日，世界银行宣布，按照购买力平价计算，将国际贫困线标准从此前的每人每天 1.25 美元上调至 1.9 美元。世行行长金墉在一份声明中说，贫困人口持续减少主要是因为发展中国家经济增长强劲以及各国在教育、医疗、社会福利等方面加大了投入。但考虑到全球经济放缓以及贫困问题的广度和深度，要想实现 2030 年消除绝对贫困的目标仍须作出很大努力。

（二）中国为消除世界贫困人口作出了巨大贡献

2015 年 9 月 26 日，习近平主席在联合国发展峰会上的讲话中指出，改革开放 30 多年来，中国立足自身国情，走出了一条中国特色发展道路。中国基本实现了千年发展目标，贫困人口减少了 4.39 亿，在教育、卫生、妇女等领域取得显著成就。中国发展不仅增进了 13 亿多中国人的福祉，也有力促进了全球发展事业。60 多年来，中国积极参与国际发展合作，共向 166 个国家和国际组织提供了近 4000 亿元人民币援助。习近平主席还宣布：中国将设立"南南合作援助基金"，首期提供 20 亿美元，支持发展中国家落实 2015 年后发展议程。中国将继续增加对最不发达国家投资，力争 2030 年达到 120 亿美元。中国将免除对有关最不发达国家、内陆发展中国家、小岛屿发展中国家截至 2015 年底到期未还的政府间无息贷款债务等。

习近平总书记在中央扶贫开发工作会议上指出："新中国成立以来，我们党带领人民持续向贫困宣战。经过改革开放 37 年来的努力，我们成功走出了一条中国特色扶贫开发道路，使 7 亿多农村贫困人口成功脱贫，为全面建成小康社会打下了坚实基础。我国成为世界上减贫人口最多的国家，也是世界上率先完成联合国千年发展目标的国家。这个成就，足以载入人类社会发展史册，也足以向世界证明中国共产党领导和中国特色社会主义制度的优越性。"①从 1981 年到 2010 年全球贫困人口减少了 7.23 亿，94.2%的贡献来自中国的减贫成就。中国的减贫成就是实实在在的，是中国特色社会主义制度优越性的重要体现，也是中国软实力的重要标志。

有学者认为，中国减贫的基本经验包括：一是坚持改革创新，保持经济持续稳定增长，不断出台有利于贫困地区、贫困人口发展的社会政策，为大规模减贫奠定了基础、提供了条件。二是坚持政府主导，把扶贫开发纳入国家总体发展战略，作为战略性任务来推进，集中力量组织开展大规模的专项扶贫行动，有针对性地制定发展规划。三是坚持开发式扶贫方针，用发展来带动减贫，把发展作为解决贫困的根本途径，同时注重调动扶贫对象的积极性主动性，提升其自身发展能力，发挥其脱贫的主体作用。四是坚持农业优先发展，实行统筹城乡经济社会发展的方略和工业反哺农业、城市支持农村与"多予少取放活"的方针，全面促进农村经济社会的发展。五是坚持基础设施建设，改善贫困地区的路、水、电、气、房等基础设施，为贫困人口创造良好发展环境。六是坚持动员社会参与，发挥社会主义制度优势，构建了政府、社会、市场协同推进的大扶贫格局。七是坚持普惠政策和特惠政策相结合，开发式扶贫制度和社会保障制度相衔接。在普惠政策的基础上，对贫困人口格外关注、格外关爱、格外关心，实施特惠政策；对贫困人口坚持做到"应扶尽扶，应保尽保"。[2]联合国助理秘书长阿贾伊·齐柏于 2010 年 2 月 17 日在亚洲开发银行总部举行的新闻发布会上说，中国不但成功大幅削减了本国贫困人口数量，还有能力和经验帮助其他发展中国家实现减贫目标，在当今世界减贫事业中扮演着重要角色。2013 年 4 月 17 日，世界银行发布的《世界发展指标》报告明确指出，中国为全球减贫作出巨大贡献。

---

①习近平在中央扶贫开发工作会议上强调脱贫攻坚战冲锋号已经吹响全党全国咬定目标苦干实干，《人民日报》2015 年 11 月 29 日。

②黄承伟：中国为全球减贫做出了哪些贡献，《瞭望》2015 年第 42 期。

（三）消除贫困任重道远

习近平总书记在《中共中央关于制定国民经济和社会发展第十三个五年规划的建议》的说明中指出：农村贫困人口脱贫是全面建成小康社会最艰巨的任务。我国现行脱贫标准是农民年人均纯收入按 2010 年不变价计算为 2300 元，2014 年现价脱贫标准为 2800 元。按照这个标准，2014 年末全国还有 7017 万农村贫困人口。综合考虑物价水平和其他因素，逐年更新按现价计算的标准。据测算，若按每年 6% 的增长率调整，2020 年全国脱贫标准约为人均纯收入 4000 元。今后，脱贫标准所代表的实际生活水平，大致能够达到 2020 年全面建成小康社会所要求的基本水平，可以继续采用。在中央扶贫开发工作会议上，习近平强调，按照贫困地区和贫困人口的具体情况，实施"五个一批"工程。一是发展生产脱贫一批；二是易地搬迁脱贫一批；三是生态补偿脱贫一批；四是发展教育脱贫一批；五是社会保障兜底一批。

在脱贫攻坚方面，《中共中央国务院关于打赢脱贫攻坚战的决定》提出了许多切实有效的措施。例如，提出贫困县"摘帽不摘政策"，国家扶贫开发工作重点县退出后，在攻坚期内国家原有扶贫政策保持不变，抓紧制定攻坚期后国家帮扶政策；建档立卡贫困户孩子上高中、中职免学杂费，减轻贫困家庭子女上学的负担，让他们掌握一技之长从而带动整个家庭脱贫致富；贫困人口全部纳入重特大疾病救助范围，使贫困人口大病医治得到有效保障，降低因病致贫、因病返贫的比例，有效减轻贫困群众医疗费用负担，为脱贫致富打下坚实基础；加大"互联网＋"扶贫，将贫困地区的特有农产品推向更大的市场，帮助贫困地区家庭实现就地脱贫致富；加大财政扶贫投入力度，各项惠民政策、项目和工程，要最大限度地向贫困地区、贫困村、贫困人口倾斜；国开行、农发行设立扶贫金融事业部，增加贫困地区信贷投放，为扶贫开发事业带去更多的资金支持，等等。

总之，打赢脱贫攻坚战，是促进全体人民共享改革发展成果、实现共同富裕的重大举措，也是一场事关人民福祉，事关巩固党的执政基础，事关国家长治久安，事关我国国际形象的伟大斗争。这是一场必须胜利也是能够胜利的战役！

三、推进共同富裕：任重道远

社会主义的本质，是解放生产力，发展生产力，消灭剥削，消除两极分化，最终达到共同富裕。消除贫困、改善民生、实现共同富裕，是社会主义的本质要求。缩小收入差距，推进共同富裕，是使全体人民有更多获得感的重要内容。

（一）贫富差距是严重的社会问题

贫富差距是伴随着人类社会发展而出现的，至今仍然是阻碍人类社会发展，造成社会不公的顽疾。据说，有关贫富差距的最早的文字记载可以追溯到《圣经》。《圣经》中马太福音第25章讲："凡有的，还要加给他叫他多余；没有的，连他所有的也要夺过来"，这也就成了著名的"马太效应"的出处。

欧洲历史上的工业革命时期，也是贫富差距迅速扩大和各种社会问题迅速滋生的时候。当时的贫富差距之大，社会公正之缺，令人发指。英国作家狄更斯的名著《双城记》开头：

那是最好的年月，那是最坏的年月；

那是智慧的时代，那是愚昧的时代；

那是信仰的时期，那是怀疑的时期；

那是光明的季节，那是黑暗的季节；

那是希望的春天，那是绝望的冬天；

我们将拥有一切，我们将一无所有；

我们直接上天堂，我们直接下地狱……

书中曾这样描述：一位侯爵的马车压死了一个小孩，他大声训斥孩子他爹：你为什么不管好你的孩子，你可知道这会伤害我的马吗？孩子父亲冲上去要与侯爵拼命。路边小酒店的老板拉住他，劝道：穷孩子这样死掉，比活着好。一下子就死了，不再受苦了，如果他活着的话，能有一时的快活吗？侯爵最后掏出一个金币往车外一扔……

随着资本主义的发展，贫富差距并没有消失，相反却愈演愈烈。在国际上，收入不平等通常用"基尼系数"来衡量。1922年意大利经济学家基尼提出的"基尼系数"，是在1905年美国经济学家马克斯·奥托·洛伦茨的洛伦茨曲线基础上提出来的。

1.洛伦茨曲线。洛伦茨曲线，是指在一个总体（国家、地区）内，以"最贫穷的人口计算起一直到最富有人口"的人口百分比对应各个人口百分比的收入百分比的点组成的曲线。该曲线作为一个总结收入和财富分配信息的便利的图形方法得到广泛应用。通过洛伦茨曲线，可以直观地看到一个国家收入分配平等或不平等的状况。画一个矩形，矩形的高衡量社会财富的百分比，将之分为五等份，每一等份为社会总财富的20%。在矩形的长上，将100的家庭从最贫者到最富者至左向右排列，也分为5等份，第一个等份代表收入最低的20的家庭。在这个矩形中，将每一百分的家庭所有拥有的财富的百分比累计起来，并将相应的点画在图中，便得到了一条曲线就是洛伦茨曲线。整个的洛伦茨曲线是一个正方形，正方形的底边即横轴代表收入获得者在总人口中的百分比，正方形的左边即纵轴显示的是各个百分比人口所获得的收入的百分比。从坐标原点到正方形相应另一个顶点的对角线为均等线，即收入分配绝对平等线，这一般是不存在的。实际收入分配曲线即洛伦茨曲线都在均等线的右下方。

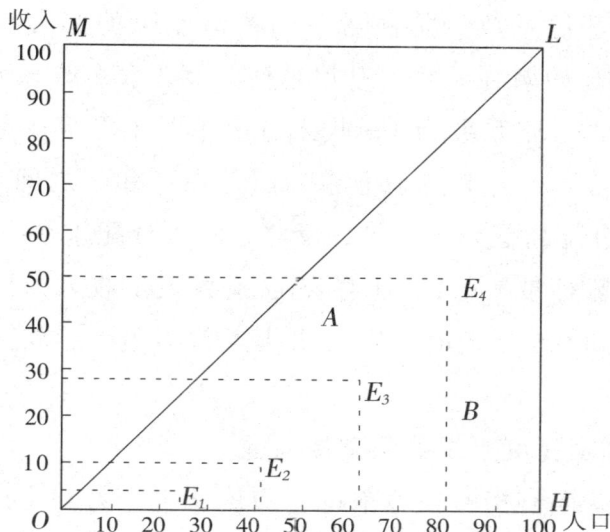

图中横轴 OH 表示人口（按收入由低到高分组）的累积百分比，纵轴 OM 表示收入的累积百分比，弧线 OL 为洛伦茨曲线。洛伦兹曲线的弯曲程度有重要意义。一般来讲，它反映了收入分配的不平等程度。弯曲程度越大，收入分配越不平等，反之亦然。特别是，如果所有收入都集中在一人手中，而其余人口均一无所获时，收入分配达到完全不平等，洛伦兹曲线成为折线 OHL。另一方面，若任一人口百分比均等于其收入百分比，从而人口累计百分比等于收入累计百分比，则收入分配是完全平等的，洛伦兹曲线成为通过原点的 45 度线 OL。

2.基尼系数。一般来说，一个国家的收入分配，既不是完全不平等，也不是完全平等，而是介于两者之间。相应的洛伦兹曲线，既不是折线 OHL，也不是 45 度线 OL，而是像图中这样向横轴突出的弧线 OL，尽管突出的程度有所不同。将洛伦兹曲线与45 度线之间的部分 A 叫作"不平等面积"，当收入分配达到完全不平等时，洛伦茨曲线成为折线 OHL，OHL 与 45 度线之间的面积 A+B 叫作"完全不平等面积"。不平等面积与完全不平等面积之比，成为基尼系数，是衡量一国贫富差距的标准。基尼系数 $G=A/(A+B)$。如果 A 为零，基尼系数为零，表示收入分配完全平等；如果 B 为零则系数为 1，收入分配绝对不平等。显然，基尼系数不会大于 1，也不会小于零，而是在 0 和 1 之间。越接近 0 就表明收入分配越是趋向平等，反之，收入分配越是趋向不平等。按照国际一般标准，0.4 以上的基尼系数表示收入差距较大，当基尼系数达到 0.6 以上时，则表示收入差距很大，将带来严重的社会问题。

（二）必须高度重视共同富裕问题

什么是共同富裕？一般来说，应该从生产力和生产关系两个角度来理解："富裕"反映了社会对财富的拥有，是社会生产力发展水平的集中体现；"共同"则反映了社会成员对财富的占有方式，是社会生产关系性质的集中体现。共同富裕的主体是全体人民，共同富裕的对象也是全体人民。中国特色社会主义共同富裕道路，就是在中国共产党领导下，坚持中国特色社会主义制度，不断解放和发展生产力，不断创造出更多更好的物质财富和精神财富，促进人的全面发展，逐步实现全体人民共同富裕的历史进程。

新中国成立以来，特别是改革开放以来，我们党领导人民坚持走中国特色社会主义道路，目的就是要实现共同富裕。"共同富裕"这一概念最早出现在 1953 年党的文件中。这年 12 月 16 日，按照毛泽东的要求，中共中央通过了《关于发展农业生产合作社的决议》。《决议》指出："为着进一步地提高农业生产力，党在农村中工作的最根本的任务，就是要善于用明白易懂而为农民所能够接受的道理和办法去教育和促进农民群众逐步联合组织起来，逐步实行农业的社会主义改造，使农业能够由落后的小规模生产的个体经济变为先进的大规模生产的合作经济，以便逐步克服工业和农业这两个经济部门发展不相适应的矛盾，并使农民能够逐步完全摆脱贫困的状况而取得共同富裕和普遍繁荣的生活"。[①]1959 年 7 月，毛泽东强调，"一定可以做到有菜吃，有油吃，有猪吃，有鱼吃，有菜牛吃，有羊吃，有鸡鸭鹅兔吃，有蛋吃。我们应当有志气、有决心做到这一项在政治上经济上都有伟大意义的社会主义事业，也应当有信心做到这一项事情。一切为了人民利益"。[②]从新中国成立到改革开放之前，虽然我们经历了严重曲折，但是仍然取得了社会主义建设的巨大成就，为新的历史时期开创中国特色社会主义提供了宝贵经验、理论准备、物质基础。

　　1978 年 12 月，在中共中央工作会议上，邓小平指出，要允许一部分地区、一部分企业、一部分工人农民先富起来，产生示范力量并影响左邻右舍，带动其他地区、其他单位的人们向他们学习。这样，就会使整个国民经济不断地波浪式地向前发展，使全国各族人民都能比较快地富裕起来。1982 年 9 月，党的十二大提出先富带动共同富裕。1984 年，党的十二届三中全会通过的《关于经济体制改革的决定》指出：由于一部分人先富起来产生的差别，是全体社会成员在共同富裕道路上有先有后、有快有慢的差别，而绝不是那种极少数人变成剥削者，大多数人陷入贫穷的两极分化。鼓励一部分人先富起来的政策，是符合社会主义发展规律的，是整个社会走向富裕的必由之路。1987 年，党的十三大报告作出了我国现代化分三步走的战略部署。党的十四大报告强调：贫穷不是社会主义，同步富裕又是不可能的，必须允许和鼓励一部分地区一部分人先富起来，以带动越来越多的地区和人们

---

①《建国以来重要文献选编》第 4 册，中央文献出版社 1993 年版，第 661–662 页。
②《毛泽东文集》第 8 卷，人民出版社 1999 年版，第 70 页。

逐步达到共同富裕。党的十五大报告指出：通过先富带动和帮助后富，逐步走向共同富裕，是建设中国特色社会主义经济的重要内容。党的十六大提出全面建设小康社会的战略目标，其中，国内生产总值到 2020 年力争比 2000 年翻两番，综合国力和国际竞争力明显增强。基本实现工业化，建成完善的社会主义市场经济体制和更具活力、更加开放的经济体系。城镇人口的比重较大幅度提高，工农差别、城乡差别和地区差别扩大的趋势逐步扭转。社会保障体系比较健全，社会就业比较充分，家庭财产普遍增加，人民过上更加富足的生活。党的十七大报告进一步提出：要始终把实现好、维护好、发展好最广大人民的根本利益作为党和国家一切工作的出发点和落脚点，尊重人民主体地位，发挥人民首创精神，保障人民各项权益，走共同富裕道路，促进人的全面发展，做到发展为了人民、发展依靠人民、发展成果由人民共享。要正确认识和妥善处理中国特色社会主义事业中的重大关系，统筹城乡发展、区域发展、经济社会发展、人与自然和谐发展、国内发展和对外开放，统筹中央和地方关系，统筹个人利益和集体利益、局部利益和整体利益、当前利益和长远利益，充分调动各方面积极性。党的十八大强调，共同富裕是中国特色社会主义的根本原则。要坚持社会主义基本经济制度和分配制度，调整国民收入分配格局，加大再分配调节力度，着力解决收入分配差距较大问题，使发展成果更多更公平惠及全体人民，朝着共同富裕方向稳步前进。

改革开放以来，我国人均国内生产总值不断提高。1978 年人均国内生产总值仅有 381 元，此后，1987 年越过千元大关，2003 年超过万元大关，2007 年突破 2 万元，2010 年突破 3 万元大关，2012 年人均国内生产总值达到 38420 元，扣除价格因素，比 1978 年增长 16.2 倍，年均增长 8.7%。人均国民总收入也实现同步快速增长，根据世界银行数据和划分标准，我国人均国民总收入由

1978 年的 190 美元上升至 2012 年的 5680 美元，已经由低收入国家跃升至中上等收入国家。我们在共同富裕道路上迈出了很大步伐。

根据国家统计局公布的数据：2015 年全年全国居民人均可支配收入 21966 元。城镇居民人均可支配收入 31195 元，比上年增长 8.2%，扣除价格因素实际增长 6.6%；农村居民人均可支配收入 11422 元，比上年增长 8.9%，扣除价格因素实际增长 7.5%。城乡居民人均收入倍差 2.73，比上年缩小 0.02。2015 年全国居民收入基尼系数为 0.462。值得注意的是，这是基尼系数自 2009 年来连续第 7 年下降，但仍然超过国际公认的 0.4 贫富差距警戒线。因此，缩小收入差距，推进共同富裕还是摆在我们面前的一个紧迫课题。

（三）采取切实有效的措施缩小收入差距

首先，要坚持居民收入增长和经济增长同步、劳动报酬提高和劳动生产率提高同步，持续增加城乡居民收入。2014 年全国居民人均可支配收入实际增长 8%，快于经济增长；农村居民人均可支配收入实际增长 9.2%，快于城镇居民收入增长。根据国家统计局公布的数据：2015 年全国居民人均可支配收入比上年名义增长 8.9%，扣除价格因素实际增长 7.4%，超过同期 6.9% 的 GDP增速。

第二，要调整国民收入分配格局，规范初次分配，加大再分配调节力度。国民收入的初次分配指国民收入在物质生产领域内部进行的分配。国民收入经过初次分配，分为两个组成部分：一部分是物质生产领域劳动者的个人收入，包括工资、奖金、福利费用和农民或其他劳动者的收入；另一部分是生产单位和社会的纯收入，包括上缴国家的税金和利润、支付的利息和企业税后利润、利润留成或公积金、公益金等。国民收入的再分配，是指国民收入在初次分配基础上的进一步分配，其主要形式有：财政支出、信贷、价格等。此外，各种劳务付费、居民之间的馈赠、生产单位直接举办的各种福利事业，也可影响国民收入再分配。国民收入的再分配，最后形成生产单位、非生产单位和居民的最终收入。因此，下一步要建立健全科学的工资水平决定机制、正常增长机制、支付保障机制。特别是，要明显增加低收入劳动者收入，扩大中等收入者比重。从国际经验来看，建立高效、公平的工资调整机制，主要依靠政府、企业、劳动者三方进行工资集体协商，这方面的工作需要进一步加强。另外，还要特别注意保护广大进城务工人员的权益。

第三，要多渠道增加居民财产性收入。财产性收入是指通过资本、技术和管理等要素与社会生产和生活活动所产生的收入。居民财产性收入比重，是衡量一个国家市场化和国民富裕程度的重要标志。要进一步深化改革，保持经济持续健康发展，把经济"蛋糕"做好做大做优，这是增加居民财产性收入的基础和根本。增加居民财产性收入，还要健全劳动、资本、技术、管理等生产要素按贡献参与分配的制度，高度重视增加农村居民财产性收入，同时营造"公平、公正、公开"的发展环境。

第四，要进一步规范收入分配秩序。保护合法收入，规范隐性收入。隐性收入是指职工在工资、奖金、津贴、补助等正常渠道之外取得的非公开性收入。一般来说，"隐性收入"总是与权力寻租有着千丝万缕的关系。因此，必须遏制以权力、行政垄断等非市场因素获取收入，取缔非法收入。

最后，要支持慈善事业发展。改革开放以来，我国慈善事业蓬勃兴起，各类慈善活动在灾害救助、贫困救济、医疗救助、教育救助、扶老助残和其他公益事业领域发挥了积极作用。但是，我国慈善事业依然存在政策法规体系不够健全、监督管理措施不够完善、慈善活动不够规范、社会氛围不够浓厚、与社会救助工作衔接不够紧密等问题，这些都影响了慈善事业的健康发展。发展慈善事业，要广泛动员社会力量开展社会救济和社会互助、志愿服务活动。完善鼓励回馈社会、扶贫济困的税收政策。同时，要加强宣传，提高全社会的慈善意识。

（四）要建立更加公平更可持续的社会保障制度

实现共同富裕，离不开完善的可持续的社会保障制度。据国家统计局数据：2015 年末全国参加城镇职工基本养老保险人数35361 万人，比上年末增加 1236 万人。参加城乡居民基本养老保险人数 50472 万人，增加 365 万人。参加城镇基本医疗保险人数66570 万人，增加 6823 万人。参加失业保险人数 17326 万人，增加 283 万人。2015 年末全国共有 1708.0 万人享受城市居民最低生活保障，4903.2 万人享受农村居民最低生活保障，农村五保供养517.5 万人。全年资助 5910.3 万城乡困难群众参加基本医疗保险。按照每人每年 2300 元 （2010 年不变价）的农村扶贫标准计算，2015 年农村贫困人口 5575 万人，比上年减少 1442 万人。[①]尽管我国的社会保障取得了一些成绩，但是还有很多方面需要不断完善。

要实施全民参保计划，基本实现法定人员全覆盖。我国将重点解决 1 亿多进城务工人员和灵活就业人员等群体参与养老保险等问题，增加社保征缴面，实现人人享有社会保障的目标。要完善社保资金筹资机制，分清政府、企业、个人等的责任。另外，还要注意适当降低社会保险费率。

要完善职工养老保险个人账户制度。目前，我国城镇企业职工的基本养老保险由社会统筹和个人账户两部分构成。个人账户实行基金积累制度。社会统筹基金由用人单位缴纳职工工资的20%形成，个人缴纳工资的 8%进入个人账户，退休后养老金由基

---

①2015 年末中国全国参加城镇职工基本养老保险人数 35361 万人，比上年末增加 1236 万人。www.qqjjsj.com/zglssj/103391.html.

础养老金和个人账户养老金构成。考虑到，职工养老保险个人账户直接与职工群众个人利益相关，因此完善这项制度还是要特别谨慎。

要拓宽社会保险基金投资渠道。据人力资源和社会保障部公布的《中国社会保险发展年度报告2014》数据，2014年包括基本养老保险（含城乡居民养老保险）、基本医疗保险（含城乡居民医疗保险）、工伤保险、失业保险、生育保险在内的"五项社保"基金总收入39828亿元，总支出33003亿元；收支规模达到72831亿元，比2013年增加9662亿元，增长15.3%；比2009年增长44414亿元，年平均增长20.7%。五项社保基金累计结余52463亿元，比2013年增加6875亿元，增长15.1%；比2009年增长33456亿元，年平均增长22.5%。近年来，养老保险、医疗保险收入增幅低于支出增幅，因此社保基金需要拓展新的筹资渠道，以增强基金自身的收支平衡能力。当然，要注意加强风险管理，提高投资回报率，确保社保基金安全。

要确保困难群众基本生活。与全面建成小康社会相适应，不断提高低保标准；对特殊困难的群众，要增发特殊困难补助金保障他们的基本生活；加强医疗救助工作，有效遏制因病致贫因病返贫的现象；加强住房救助，确保困难群众住有所居；完善城乡居民基本养老保险制度，确保贫困群众老有所养；加强各项社会保障救助制度的衔接，形成兜底扶贫的合力。

第九章
加强和创新社会治理：建设平安中国

《中共中央关于制定国民经济和社会发展第十三个五年规划的建议》提出，"十三五"时期各方面制度更加成熟更加定型。国家治理体系和治理能力现代化取得重大进展，各领域基础性制度体系基本形成。建设平安中国，完善党委领导、政府主导、社会协同、公众参与、法治保障的社会治理体制，推进社会治理精细化，构建全民共建共享的社会治理格局。

一、国家治理和社会治理：十八大以来的新进展

党的十八大以来，以习近平同志为总书记的党中央，提出全面深化改革的总目标，就是完善和发展中国特色社会主义制度、推进国家治理体系和治理能力现代化。这是坚持和发展中国特色社会主义的必然要求，也是构建社会主义和谐社会，实现社会主义现代化的应有之义。

（一）科学界定推进国家治理体系和治理能力现代化的内容和方向

推进国家治理体系和治理能力现代化的内容涵盖广泛。党的十八届三中全会指出，全面深化改革的总目标是完善和发展中国

特色社会主义制度，推进国家治理体系和治理能力现代化。必须更加注重改革的系统性、整体性、协同性，加快发展社会主义市场经济、民主政治、先进文化、和谐社会、生态文明，让一切劳动、知识、技术、管理、资本的活力竞相迸发，让一切创造社会财富的源泉充分涌流，让发展成果更多更公平惠及全体人民。

其中，在经济建设方面，紧紧围绕市场在资源配置中起决定性作用深化经济体制改革，坚持和完善基本经济制度，加快完善现代市场体系、宏观调控体系、开放型经济体系，加快转变经济发展方式，加快建设创新型国家，推动经济更有效率、更加公平、更可持续发展。

在政治建设方面，紧紧围绕坚持党的领导、人民当家作主、依法治国有机统一深化政治体制改革，加快推进社会主义民主政治制度化、规范化、程序化，建设社会主义法治国家，发展更加广泛、更加充分、更加健全的人民民主。

在文化建设方面，紧紧围绕建设社会主义核心价值体系、社会主义文化强国深化文化体制改革，加快完善文化管理体制和文化生产经营机制，建立健全现代公共文化服务体系、现代文化市场体系，推动社会主义文化大发展大繁荣。

在社会建设方面，紧紧围绕更好保障和改善民生、促进社会公平正义深化社会体制改革，改革收入分配制度，促进共同富裕，推进社会领域制度创新，推进基本公共服务均等化，加快形成科学有效的社会治理体制，确保社会既充满活力又和谐有序。

在生态文明建设方面，紧紧围绕建设美丽中国深化生态文明体制改革，加快建立生态文明制度，健全国土空间开发、资源节约利用、生态环境保护的体制机制，推动形成人与自然和谐发展的现代化建设新格局。

在党的建设方面，紧紧围绕提高科学执政、民主执政、依法执政水平深化党的建设制度改革，加强民主集中制建设，完善党的领导体制和执政方式，保持党的先进性和纯洁性，为改革开放和社会主义现代化建设提供坚强政治保证。

在国防和军队建设方面，紧紧围绕建设一支听党指挥、能打胜仗、作风优良的人民军队这一党在新形势下的强军目标，着力解决制约国防和军队建设发展的突出矛盾和问题，创新发展军事理论，加强军事战略指导，完善新时期军事战略方针，构建中国特色现代军事力量体系。

推进国家治理体系和治理能力现代化是一个伟大的系统工程，也是一个长期的艰巨工程。它既继承了中国共产党关于国家治理和社会治理的优秀经验，也发展了马克思主义的国家治理理论，为构建社会主义和谐社会提供了根本保障，也为中国特色社会主义未来发展指明了方向。

（二）把依法治国作为推进国家治理体系和治理能力现代化的必然要求

依法治国，是坚持和发展中国特色社会主义的本质要求和重要保障，是实现国家治理体系和治理能力现代化的必然要求，事关我们党执政兴国，事关人民幸福安康，事关党和国家长治久安。

党的十八届四中全会提出，全面推进依法治国，总目标是建设中国特色社会主义法治体系，建设社会主义法治国家。这就是，在中国共产党领导下，坚持中国特色社会主义制度，贯彻中国特色社会主义法治理论，形成完备的法律规范体系、高效的法治实施体系、严密的法治监督体系、有力的法治保障体系，形成完善的党内法规体系，坚持依法治国、依法执政、依法行政共同推进，坚持法治国家、法治政府、法治社会一体建设，实现科学立法、严格执法、公正司法、全民守法，促进国家治理体系和治理能力现代化。

依法治国也是构建社会主义和谐社会的必然要求。党的十八届四中全会提出，建设法治中国。实现发展成果更多更公平惠及全体人民，必须加快社会事业改革，解决好人民最关心最直接最现实的利益问题，努力为社会提供多样化服务，更好满足人民需求；着眼于维护最广大人民根本利益，最大限度增加和谐因素，增强社会发展活力，提高社会治理水平，全面推进平安中国建设，维护国家安全，确保人民安居乐业、社会安定有序，推进社会治理创新。

显然，全面推进依法治国的根本目的，就是构建社会主义和谐社会，促进国家治理体系和治理能力现代化。推进国家治理体系和治理能力现代化，有许多手段，例如经济的、政治的、文化的等，但是最重要、最直接的手段就是推进依法治国。如果没有不断完备的法律规范体系、高效的法治实施体系、严密的法治监督体系、有力的法治保障体系，以及逐步完善的党内法规体系，那么推进国家治理体系和治理能力现代化的总目标就不可能顺利实现。

（三）把社会主义核心价值观作为推进国家治理体系和治理能力现代化的重要抓手

习近平总书记指出，我们要在全社会牢固树立社会主义核心价值观，全体人民一起努力，通过持之以恒的奋斗，把我们的国家建设得更加富强、更加民主、更加文明、更加和谐、更加美丽，让中华民族以更加自信、更加自强的姿态屹立于世界民族之林。

2014 年 2 月 17 日，习近平总书记在省部级主要领导干部学习贯彻十八届三中全会精神全面深化改革专题研讨班上的讲话中明确指出：我国今天的国家治理体系，是在我国历史传承、文化传统、经济社会发展的基础上长期发展、渐进改进、内生性演化的结果。我国国家治理体系需要改进和完善，但怎么改、怎么完善，我们要有主张、有定力。中华民族是一个兼容并蓄、海纳百川的民族，在漫长历史进程中，不断学习他人的好东西，把他人的好东西化成我们自己的东西，这才形成我们的民族特色。

当今时代，文化越来越成为民族凝聚力和创造力的重要源泉、越来越成为综合国力竞争的重要因素，丰富精神文化生活越来越成为中国人民的热切愿望。社会主义核心价值观是社会主义核心价值体系的内核，体现社会主义核心价值体系的根本性质和基本特征，反映社会主义核心价值体系的丰富内涵和实践要求，是社会主义核心价值体系的高度凝练和集中表达。社会主义核心价值观，是构建社会主义和谐社会的重要精神依靠，是社会主义和谐社会的题中应有之义，是推进国家治理体系和治理能力现代化的重要抓手。

（四）全面从严治党为推进国家治理体系和治理能力现代化提供了政治保障

2012 年 11 月 17 日，习近平总书记在参加十八届中央政治局第一次集体学习时发表讲话说："物必先腐，而后虫生。"近年来，一些国家因长期积累的矛盾导致民怨载道、社会动荡、政权垮台，其中贪污腐败就是一个很重要的原因。大量事实告诉我们，腐败问题越演越烈，最终必然会亡党亡国！我们要警醒啊！

党的十八大以来，以习近平同志为总书记的党中央，坚决反对腐败、建设廉洁政治，保持党的肌体健康，取得了一系列重大进展。周永康、徐才厚、令计划、苏荣等"大老虎"纷纷落马；中央反腐败协调小组设立国际追逃追赃办公室，建立国际追逃追赃工作协调机制，与美国、加拿大、澳大利亚等国建立反腐败执法合作机制，启动反腐败执法合作网络；加强和改进中央巡视工作等；严格党的纪律和制度建设，严格执行"八项规定"；严惩身边的腐败；严查资源领域腐败等举措，把权力关进制度的笼子里，收效显著，成果重大，受到了广大人民群众和各级干部的真心拥护，为推进国家治理体系和治理能力现代化提供了坚强的政治保障和良好氛围。

二、国家治理和社会治理：新的挑战

建设富强民主文明和谐的社会主义现代化国家，实现中华民族伟大复兴，是鸦片战争以来中国人民最伟大的梦想，是中华民族的最高利益和根本利益。改革开放以来，我们在推进国家治理体系和治理能力现代化方面已经取得了一些成就，但是，同时也要清醒地看到在这方面所面临的风险和挑战。

（一）经济全球化对推进国家治理体系和治理能力现代化的新挑战

国家治理是一个持续的、不断完善的过程。从这个意义上说，任何一个国家都需要不断推进国家治理体系和治理能力现代化。特别是在经济全球化的背景下，国家与国家之间交流不断深入，这不仅给各国的国家治理体系和治理能力现代化带来了新的机遇，也对其提出了新的挑战和要求。首先，在全球化背景下，包括人口、物资、资金、信息等在内的各类资源的国际性流动，进一步拉大了社会阶层之间的差距，进而改变了社会内部的平衡关系，给国家治理带来新的挑战。其次，在全球化背景下，国家与国家之间利益交集和模糊地带增多，一些本来属于国内的问题也呈现出国际化的趋势，使得某些问题复杂化了，这在一定程度上也考验着一个国家的治理能力。最后，我国现在处于矛盾多发期，传统问题与全球化、现代市场经济相纠结形成了一系列新问题。

另外，国家治理还要考虑如何应对国内外一系列突发事件。由于这些事件与国际形势、国家关系、国内政局、暴恐势力等因素存在密切关系，因此，建立高度完备的国家情报信息体制和快速应对处置机制，也是推进国家治理体系和治理能力现代化的重要方面。

（二）作为国家治理主体的中国共产党自身建设面临的挑战

中国共产党是中国特色社会主义事业的领导核心。中国共产党自身建设情况，必然影响国家治理体系和治理能力现代化。首先，中国共产党党员的数量十分庞大，党员素质参差不齐，一些党的干部思想理论水平不高，党性观念弱化，这在很大程度上影响了国家治理的质量和水平，也影响了国家治理体系和治理能力现代化的进程。其次，一些党员忽视马克思主义理论学习，不认真调查研究，不注意践行群众路线，贪污腐化不良作风蔓延，工作和生活作风出现问题；还有的工作缺乏主动性和创造性；一些党员领导干部独断专行，把个人凌驾于党组织之上等，这些在很大程度上阻碍了国家治理体系和治理能力现代化的推进。最后，党与人大、政府、政协、社会团体等的关系还要进一步统筹协调。总之，中国共产党自身治理水平，决定了国家治理体系和治理能力现代化的水平和质量。加强党的自身建设，是推进国家治理体系和治理能力现代化的关键环节。

（三）各级政府治理能力面临的挑战

国家治理体系是在党领导下管理国家的制度体系，是一整套紧密相连、相互协调的国家制度。因此，推进国家治理体系和治理能力现代化，不但需要一个发挥领导核心作用的执政党，也需要有一个具有现代化治理能力的、不断实现党和人民意志的政府。

新中国成立以来，特别是改革开放以来，我国政府的治理能力和治理水平在不断提高。但是，我们也必须清醒认识到，与我国经济社会发展的要求相比，与人民群众的期待相比，与当今世界日趋激烈的国际竞争相比，与实现国家长治久安的历史重任相比，政府的治理能力和治理水平还有许多不足的地方。首先，如何不断把党的路线方针政策真正贯彻落实到政府的具体行政行为中，还存在一些不足。其次，政府的治理能力、执政方式等还需要进一步完善，中央政府和地方政府之间关系还需要进一步厘清，有些公务人员的素质有待提高等。最后，如何进一步发挥社会组织的作用，不断激发社会活力，也是衡量一个政府治理能力的重要问题。

（四）马克思主义主流意识形态受到的挑战

一个国家没有鲜明和巩固的主流意识形态，就没有统一的意志和行动。坚持以马克思列宁主义、毛泽东思想、邓小平理论、"三个代表"重要思想、科学发展观为指导，深入贯彻习近平总书记系列重要讲话精神，对于统一全党全军全国各族人民的意志，发展中国特色社会主义事业，推进国家治理体系和治理能力现代化具有重要意义。从国际上看，世界政治经济秩序正处于大变革大调整时期，世界范围内各种思想文化交流交融交锋更加频繁，国际思想文化领域斗争深刻复杂，尤其是西方把中国的发展视为对其价值观和制度模式的挑战，加紧通过互联网等各种渠道进行渗透分化。从国内看，随着市场经济的发展，特别是随着社会阶层的分化和社会差距的扩大，新自由主义、民主社会主义、极端民族主义、文化保守主义、民粹主义、历史虚无主义等各种社会思潮纷纷登场，严重影响了广大群众对马克思主义主流意识形态的认同，削弱了主流意识形态的主导作用，从而加大了主流意识形态整合社会的难度，也给国家治理带来了新的挑战。

（五）互联网以及社会治理方面存在的问题和挑战

国家治理现代化，离不开社会治理的现代化。目前，我国的社会治理体制还很不完善，最为突出的表现就是经济领域的市场化不足和社会领域的市场化过度。特别是由于城乡二元体制的存在，以农民工为主体的流动人口在劳有所得、住有所居、学有所教、病有所医、老有所养等方面依然无法拥有和流入地居民一样的权利，无法真正融入当地。随着经济社会的不断发展和民主法制观念的不断普及，我国公民维护自身权利的意识不断增强。然而，现实生活中一部分人只注重享受权利，不注重履行自己的责任和义务，导致了公众权利意识强与社会责任意识弱并存这一现象。同时，社会大众对国家政治生活和社会治理的参与也很不够，我国的公共需求增长与有效供给不足的矛盾日益显现。如果不解决这些问题，就会产生治理危机，治理危机发展到一定程度就会变成执政危机，进而影响了国家治理体系和治理能力现代化。

以互联网、物联网、云计算等为代表的现代信息技术快速发展，给国家治理带来了新的手段和途径。但是，随着网络的组织化程度迅速提高，具备了迅速发起和组织群体行为的能力，形成了一个"网络社会"。网络社会的出现改变了传统意义上的国家存在形式，同时也改变了公民的国家意识，在网络上主要表现为社会认知、社会情感、社会意志、社会行为等方面的变化，这给国家治理带来了很多负面的影响。当然，互联网也给国家治理带来新的机遇。例如，国家领导人直接和网民对话、职能部门开通政务微博、社会公共政策征求网络意见、通过网络对焦点事件进行监督，等等。

三、社会治安综合治理：一个重点

加强和创新社会治理，要完善党委领导、政府主导、社会协同、公众参与、法治保障的社会治理体制。其中，社会治安综合治理，是国家治理和社会治理的重要内容。十八届三中全会通过的《中共中央关于全面深化改革若干重大问题的决定》强调，加强社会治安综合治理，创新立体化社会治安防控体系，依法严密防范和惩治各类违法犯罪活动。十八届四中全会通过的《中共中央关于全面推进依法治国若干重大问题的决定》强调，深入推进社会治安综合治理，健全落实领导责任制。完善立体化社会治安防控体系，有效防范化解管控影响社会安定的问题，保障人民生命财产安全。依法严厉打击暴力恐怖、涉黑犯罪、邪教和黄赌毒等违法犯罪活动，绝不允许其形成气候。依法强化危害食品药品安全、影响安全生产、损害生态环境、破坏网络安全等重点问题治理。十八届五中全会进一步强调：完善社会治安综合治理体制机制，以信息化为支撑加快建设社会治安立体防控体系，建设基础综合服务管理平台。落实重大决策社会稳定风险评估制度，完善社会矛盾排查预警和调处化解综合机制，加强和改进信访和调解工作，有效预防和化解矛盾纠纷。严密防范、依法惩治违法犯罪活动，维护社会秩序。

1991 年，在总结改革开放以来我国社会治安综合治理基本经验的基础上，中共中央、国务院作出了《关于加强社会治安综合治理的决定》，明确提出社会治安综合治理的基本任务是：在各级党委和政府的统一领导下，各部门协调一致，齐抓共管，依靠广大人民群众，运用政治的、经济的、行政的、法律的、文化的、教育的等多种手段，整治社会治安，打击犯罪和预防犯罪，保障社会稳定，为社会主义现代化建设和改革开放创造良好的社会环境。社会治安综合治理工作的要求是：（一）各级党委和政府都要把综合治理摆上重要议程，健全社会治安综合治理的领导机构和办事机构，定期研究部署工作。（二）各部门、各单位齐抓共管，形成"谁主管谁负责"的局面。（三）各项措施落实到城乡基层单位，群防群治形成网络，广大群众法制观念普遍增强，敢于同违法犯罪行为作斗争。社会治安综合治理的主要目标：社会稳定，重大恶性案件和多发性案件得到控制并逐步有所下降，社会丑恶现象大大减少，治安混乱的地区和单位的面貌彻底改观，治安秩序良好，群众有安全感。社会治安综合治理的工作范围，主要包括"打击、防范、教育、管理、建设、改造"六个方面。

2001 年 9 月 5 日，中共中央、国务院又作出了《关于进一步加强社会治安综合治理的意见》强调，社会治安不仅是一个重大的社会问题，也是一个重大的政治问题。加强社会治安综合治理，关系到党和政府在人民群众心目中的形象，关系到改革发展稳定的大局，关系到国家的长治久安，关系到党的执政地位的巩固，符合广大人民群众的愿望和要求。"打防结合，预防为主"是做好社会治安综合治理工作的指导方针。要坚持打击与防范并举，治标和治本兼顾，重在防范，重在治本。打击犯罪是社会治安综合治理的首要环节，必须毫不动摇地依法从重从快严厉打击严重刑事犯罪活动，整治治安混乱的地区，解决突出的治安问题。各级政法部门要把"严打"落实到各个执法环节，把集中打击、专项整治和经常性打击紧密结合起来。预防犯罪是维护社会治安秩序的积极措施，要进一步把严打、严管、严防、严治有机结合起来。

2014 年 1 月，习近平总书记在中央政法工作会议上强调，要处理好维稳和维权的关系，要把群众合理合法的利益诉求解决好，完善对维护群众切身利益具有重大作用的制度，强化法律在化解矛盾中的权威地位，使群众由衷感到权益受到了公平对待、利益得到了有效维护。要处理好活力和秩序的关系，坚持系统治理、依法治理、综合治理、源头治理，发动全社会一起来做好维护社会稳定工作。要深入推进社会治安综合治理，坚决遏制严重刑事犯罪高发态势，保障人民生命财产安全。

经济社会发展从来都是不可分割的。经济发展了，促进社会稳定；社会稳定了，才能保障经济发展。一个平安的中国，必将是繁荣的中国。

四、互联网：国家治理的新领域

2015 年 12 月 16 日，习近平总书记在乌镇举办的"第二届世界互联网大会"开幕式上发表重要讲话指出，"纵观世界文明史，人类先后经历了农业革命、工业革命、信息革命。每一次产业技术革命，都给人类生产生活带来巨大而深刻的影响。现在，以互联网为代表的信息技术日新月异，引领了社会生产新变革，创造了人类生活新空间，拓展了国家治理新领域，极大提高了人类认识世界、改造世界的能力"。①十八大以来，党和政府对互联网越来越重视。2012年12月7日，习近平总书记到腾讯公司参观考察时指出，现在人类已进入互联网时代这样一个历史阶段，这是一个世界潮流，而且这个互联网时代对人类的生活、生产、生产力的发展都具有很大的进步推动作用。2013年8月19日，习近平总书记在全国宣传思想工作会议上发表重要讲话。他强调，宣传思想工作就是要巩固马克思主义在意识形态领域的指导地位，巩固全党全国人民团结奋斗的共同思想基础。要把网上舆论工作作为宣传思想的重中之重来抓。2014年2月27日，中央网络安全和信息化领导小组宣告成立，习近平总书记亲自担任组长，李克强、刘云山任副组长，再次体现了中国最高层全面深化改革、加强顶层设计的意志，显示出在保障网络安全、维护国家利益、推动信息化发展的决心。8月18日，习近平总书记在主持召开中央全面深化改革领导小组第四次会议时强调，推动传统媒体和新兴媒体融合发展，要遵循新闻传播规律和新兴媒体发展规律，强化互联网思维，坚持传统媒体和新兴媒体优势互补、一体发展，坚持先进技术为支撑、内容建设为根本，推动传统媒体和新兴媒体在内容、渠道、平台、经营、管理等方面的深度融合，着力打造一批形态多样、手段先进、具有竞争力的新型主流媒体，建成几家拥有强大实力和传播力、公信力、影响力的新型媒体集团，形成立体多样、融合发展的现代传播体系。要一手抓融合，一手

①习近平：在第二届世界互联网大会开幕式上的讲话，《人民日报》2015年12月17日。

抓管理，确保融合发展沿着正确方向推进。2015 年 10 月，党的十八届五中全会明确指出，要实施网络强国战略。

（一）进一步加强党对互联网意识形态工作的领导

对于中国共产党来说，互联网时代的到来，大大改变了执政的生态环境和社会条件。我们要积极适应新时代的变革要求，适时调整党建工作和执政工作的一些思路和策略。其实，互联网本质上还是一种科学技术，只要我们运用得当，互联网完全可以成为加强党的领导和党的建设的重要手段。

对于政党特别是执政党来说，如何最大限度地避免互联网上负面信息传播，扩大自身意识形态的影响力，是一个巨大的问题。观察政党意识形态的影响力大小，需要用三个变量来衡量。首先，政党意识形态影响具有行动能力的社会大众的数量；其次，是政党意识形态影响地域空间范围的大小；最后，是政党意识形态转化为实践的强度和持续性。从这三个方面看，无论是掌握群众的数量，还是影响力，以及转化为实践的能力，马克思主义理论和社会主义事业都具有天然的竞争优势。连马克斯·韦伯也承认："依我之见，没有什么办法能够消除社会主义信念和社会主义希望。所有工人阶级总是会重新回到某种意义上的社会主义。"①马克思主义和社会主义是我们意识形态工作的旗帜，绝对不能丢弃。在互联网上也是一样。要利用好互联网，加强马克思主义宣传，加强党对互联网意识形态工作的领导，并制定相应的制度和规划，切实掌握互联网意识形态的领导权、管理权、话语权。

做好网民工作，实际上就是如何在互联网上贯彻执行党的群众路线。虚拟的互联网世界，是一个扁平化的结构。在这里，党的群众工作更直接，更迅速，更复杂，更需要接地气。作为执政

①马克斯·韦伯著，阎克文译：《韦伯政治著作选》，东方出版社 2009 年版，第 242 页。

党，党要确保包括互联网在内的媒体能够提供即时、透明、公正的信息，确保包括网民在内的广大人民群众的知情权、表达权，提高党对互联网的塑造力、管控力和影响力，打破少数人、利益集团等对互联网话语的垄断权。要加强互联网法治建设，培养和引导好网络意见领袖，倡导互联网的行业自律和个人自律，建设好各级党组织的宣传网站，传播正能量。同时，积极关注网络舆情，做出及时的处置，切实纠正失误。要重视网络举报，做好解释和引导工作，切实发挥网络监督的作用。

（二）积极开展互联网上的意识形态斗争

互联网已经成为意识形态斗争的主阵地。从国际范围看，西方发达国家高度重视意识形态工作。美国前总统尼克松说过，"如果我们在意识形态斗争中打了败仗，我们所有的武器、条约、贸易、外援和文化关系都将毫无意义。"[1]美国政治学者拉斯韦尔认为，"在任何地方，西方文明的行动主义、战斗精神和地方观念都结合在一起以压倒一切持反对态度的人们。"[2]我们必须深入研究和把握互联网上舆论斗争的规律和特点，采取有针对性的措施掌握舆论斗争主动权和领导权。要把握错误舆论的源头和传播规律，开展有针对性的舆论斗争。对一些关系党和国家发展的、关系人民群众根本利益的重大问题，要开展积极深入的讨论，不能姑息迁就，一味退让，要敢于斗争，敢于亮剑，彻底扭转目前我们在互联网舆论斗争方面相对被动的局面。

党的宣传部门要充分利用互联网、微信公众号等手段，做好党的重要会议和文件的传播、阐述工作。要不断提升主流意识形态引导力，进一步凝聚共识，掌握网络舆论主旋律。要加快培养

---

①理查德·尼克松著，王观声译：《1999年：不战而胜》，世界知识出版社1989年版，第96页。
②哈罗德·D·拉斯韦尔著，杨昌裕译：《政治学——谁得到什么？何时和如何得到》，商务印书馆1992年版，第134页。

互联网人才，逐步形成适应互联网发展的舆论引导队伍、信息管控队伍、技术研发队伍和网络安全队伍。党员干部尤其是各级领导干部，要加强互联网的知识学习，密切关注互联网发展的新动向，进一步提高对互联网的领导水平和驾驭能力。

（三）深入研究网络话语体系的特征和规律

当前，互联网已经成为人们行使话语权的重要平台，网络话语也得到越来越多的重视。"意识形态的斗争常常反映在人们的话语中，各种群体分别从自己对合理的社会机构的构成的认识出发，制定理解的框架。"①互联网话语是人们在网络交流中产生和应用的一种语言。在表现形式上，可以是标点、符号、图标（图片）和各种文字等多种形式的、不规则的组合。这种组合，往往在特定的网络媒介传播中表达特殊的意义。网络话语是互联网意识形态的载体。做好互联网意识形态工作，必须掌握和引导好网络话语。

互联网语言具有随机性、碎片化和延展性，对人类社会常规的书面语言和口头语言形成了一定的冲击，也对政党的意识形态工作提出新的挑战。特别是进入 21 世纪以来，随着互联网技术的发展和网民人数的不断扩大，网络话语得到了迅猛发展，越来越深刻地影响着人们的工作和生活。

面对上述情况，我们要深刻总结中国共产党历史上革命语言、宣传口号的成功经验，把握网络语言的产生和传播规律，不断创造出网民喜闻乐见、生动活泼的话语，打造具有时代特色、中国气派的网络话语体系，增强主流意识形态的影响力、说服力和引导力，增强党组织的吸引力、凝聚力和感召力，通过互联网进一步密切群众与党组织的关系，推进国家治理和社会治理，实

---

①丹尼斯·K·姆贝著，陈德民等译：《组织中的传播和权力：话语、意识形态和统治》，中国社会科学出版社 2000 年版，第 104 页。

现社会和谐稳定持续发展。

五、维护公共安全：千家万户的期盼

2015 年 5 月 29 日，中央政治局就健全公共安全体系进行第二十三次集体学习。习近平总书记在主持学习时强调，公共安全连着千家万户，确保公共安全事关人民群众生命财产安全，事关改革发展稳定大局。要牢固树立安全发展理念，自觉把维护公共安全放在维护最广大人民根本利益中来认识，扎实做好公共安全工作，努力为人民安居乐业、社会安定有序、国家长治久安编织全方位、立体化的公共安全网。党的十八届五中全会提出：牢固树立安全发展观念，坚持人民利益至上，加强全民安全意识教育，健全公共安全体系。完善和落实安全生产责任和管理制度，实行党政同责、一岗双责、失职追责，强化预防治本，改革安全评审制度，健全预警应急机制，加大监管执法力度，及时排查化解安全隐患，坚决遏制重特大安全事故频发势头。实施危险化学品和化工企业生产、仓储安全环保搬迁工程，加强安全生产基础能力和防灾减灾能力建设，切实维护人民生命财产安全。

（一）切实抓好安全生产

以习近平同志为总书记的党中央高度重视安全生产。习近平总书记强调：必须坚定不移保障安全发展，狠抓安全生产责任制落实。要强化"党政同责、一岗双责、失职追责"，坚持以人为本、以民为本。必须深化改革创新，加强和改进安全监管工作，强化开发区、工业园区、港区等功能区安全监管，举一反三，在标准制定、体制机制上认真考虑如何改革和完善。必须强化依法治理，用法治思维和法治手段解决安全生产问题，加快安全生产相关法律法规制定修订，加强安全生产监管执法，强化基层监管力量，着力提高安全生产法治化水平。必须坚决遏制重特大事故

频发势头，对易发重特大事故的行业领域采取风险分级管控、隐
患排查治理双重预防性工作机制，推动安全生产关口前移，加强
应急救援工作，最大限度减少人员伤亡和财产损失。必须加强基
础建设，提升安全保障能力。针对城市建设、危旧房屋、玻璃幕
墙、渣土堆场、尾矿库、燃气管线、地下管廊等重点隐患和煤矿、
非煤矿山、危化品、烟花爆竹、交通运输等重点行业，以及游乐、
"跨年夜"等大型群众性活动，坚决做好安全防范，特别是要严防
踩踏事故发生。

　　2013 年，中共中央政治局三次开会讨论安全生产问题。习近
平总书记在 2013 年 7 月 18 日中央政治局常委会议上提出，各级
党委和政府要增强责任意识，强化安全生产监管职责，落实安全
生产责任制，落实行业主管部门直接监管、安全监管部门综合监
管、地方政府属地监管，坚持管行业必须管安全，管业务必须管
安全，管生产经营必须管安全，而且要"党政同责、一岗双责、
齐抓共管"。安全生产党政同责的制度化，作为中国特色社会主义
国家体制、制度和机制创新的一个亮点，将对国家治理体系的全
面建设起到一定的示范和突破作用。安全生产治理体系不仅包括
国家法律层面的安全生产法治，还包括党的建设、社区自治、社
会参与、道德建设等政治层面的安全生产制度之治。它的提出是
对国家治理体系内容和方式的丰富和发展，是安全生产领域的新
的文明革命，是法治化的文明和制度化文明的革命。①据国家安全
监管总局数据：2015 年全国事故总量保持继续下降态势，事故起
数、死亡人数同比分别下降 7.9%、2.8%。大部分地区和重点行
业领域安全状况基本稳定，11 个省级单位未发生重特大事故，煤
矿事故起数和死亡人数同比分别下降 32.3%、36.8%，非煤矿山、

---

　　①常纪文：安全生产党政同责是国家治理体系的创新和发展，《中国安全生产报》2014 年 8 月 13 日。

化工和危化品、烟花爆竹、道路交通、建筑施工、生产经营性火灾、水上交通、铁路交通及冶金机械等行业领域事故实现"双下降"。但是，安全生产形势依然严峻复杂，尤其是重特大事故频发且危害严重，暴露出安全生产体制机制法制不完善、安全发展理念不牢固、企业主体责任不落实、安全监管执法不严格等问题。①

加强安全生产管理，也促进了法治建设。2014 年 8 月新修订的《中华人民共和国安全生产法》规定：安全生产工作应当以人为本，坚持安全发展，坚持安全第一、预防为主、综合治理的方针，强化和落实生产经营单位的主体责任，建立生产经营单位负责、职工参与、政府监管、行业自律和社会监督的机制。这是国家维护工人阶级领导地位和权益的基本体现，也是维护其他劳动者权利的重要体现。

（二）维护食品药品安全

1.严格的法律制度

维护食品药品安全，需要严格的法律制度。当然，这些制度也是逐步发展起来的。在历史上，美国的食品安全问题也曾经十分严重。100 年前，美国作家厄普顿·辛克莱的小说《屠场》有这样一个场景："工厂把发霉的火腿切碎填入香肠；工人们在肉腔上走来走去并随地吐痰；毒死的老鼠被掺进绞肉机；洗过手的水被配制成调料……"这不是垃圾处理厂，而是芝加哥某肉类食品加工厂的车间。据说，当时的美国总统西奥多·罗斯福在白宫边吃早点边读这本小说。读到这里时，他大叫一声跳了起来，把口中尚未嚼完的食物吐出来，又把盘中剩下的一截香肠用力抛出窗外。另外，牛奶和其他饮料的掺假现象同样严重。"在加工过程中，企业在牛奶中掺入大量的水。为了消除牛奶稀释的痕迹，就

---

①《2015 年全国安全生产工作回顾》，
http://www.chinasafety.gov.cn/newpage/Contents/Channel_4181/2016/0219/264936/content_264936.htm

在里面添加增稠剂和增色剂等化学制品；为了使牛奶口感正常，就在里面添加焦糖；为了防止牛奶过期变质，就在里面添加甲醛、硼酸、硼砂和硝酸钾等。同时，在向里面添加各种'成分'的过程中经常还会混入尘土、粪便、尿液以及病原体。"①此后，为解决食品安全问题，美国制定了一系列保障食品药品安全的法律，建立了美国食品药品管理局（FDA），又经过多年努力，才出现了如今食品药品较为安全的局面。

严格的法律体系，是维护食品药品安全的根本保证。1906年，美国国会通过了《食品药品法》和《肉类制品监督法》，使食品卫生安全监管开始走上法制化的轨道。1938年，美国出台了《食品、药物和化妆品法》，这部法律的新增内容主要有：修正了原食品、药品过于狭隘的定义，使其能涵盖原先不能涵盖的范围；明确了食品特性、质量和可含添加物的容量标准；要求新药上市前必须提供安全性证明，要求制药公司60天的公示时间，如未遭遇FDA的反对，才可上市；建立对工厂生产的检查制度。《食品、药物和化妆品法》是美国食品药品监管史上非常重要的一部法律，一直沿用至今，它以及此后公布的相关法律共同构建了美国食品、药品生产和消费的新秩序。在德国，食品安全的法律体系分为通用法和专门法。通用法适用于所有的食品生产和销售领域，具有两个层面：一个是欧盟法，适用于欧盟所有的成员国；一个是联邦法，适用于联邦德国所有的州。早在1879年，德国就制定了《食品法》，此后政府修订食品生产和销售方面的法律法规，使得食品安全法律体系不断完善。

我国的食品药品安全法律体系，也经过了一个逐步完善的过程。早在1995年，我国就颁布了《中华人民共和国食品卫生法》。

---

① 兰教材：美国1906年纯净食品药品法之由来，《史学月刊》2011年第2期。

在此基础上，2009 年 2 月 28 日，十一届全国人大常委会第七次会议通过了《中华人民共和国食品安全法》。2015 年 4 月 24 日，十二届全国人大常委会第十四次会议修订通过了新的《中华人民共和国食品安全法》，并于 2015 年 10 月 1 日起施行。这部法律被媒体称为"史上最严厉的食品安全法"。新食品安全法规定：食品安全工作实行预防为主、风险管理、全程控制、社会共治，建立科学、严格的监督管理制度；国家建立食品安全风险评估制度，运用科学方法，根据食品安全风险监测信息、科学数据以及有关信息，对食品、食品添加剂、食品相关产品中生物性、化学性和物理性危害因素进行风险评估，等等。这些规定必将对我国的食品安全产生重大的保障作用。

食品药品安全的法律规范，是国家治理体系的重要内容。而且，随着国家和社会的发展，这些规范会得到不断地丰富和完善，也体现了一个国家和社会所具有的适应能力和自我保护能力。

2.严格的政府监管

维护食品药品安全，是政府治理的基本内容，也是政府的基本责任。在欧美等发达国家，监管食品药品的组织机构非常健全，而且基本能够做到分工明确，各司其职，互相配合，监管到位。例如，美国有 3 个机构具体负责对食品安全的监督管理。美国食品与药物管理局（FDA），主要负责除肉类和家禽产品外美国国内和进口食品的安全，制定动物性食品兽药残留最高限量的法规和标准；美国农业部（USDA），主要负责肉类和家禽食品的安全，并被授权监督执行联邦食用动物产品安全法规；美国国家环境保护署（EPA），主要负责饮用水、新的杀虫剂及毒物、垃圾等方面的安全，制定农药、环境化学物的残留限量和有关法规。美国农业部作为行政和执法部门，重点负责农产品质量安全标准、检测与认证体系的建设和管理工作，对食品安全起着重大作用。加拿大对食品安全的管理是加拿大农业部及其所属的食品检验局（CFIA），食品检验局负责所有食品的法定检测任务、动物疫病防治，并向农业部报告食品卫生安全情况；加拿大卫生部负责起草制定食品安全和食品营养的政策和标准。德国政府于2001年元月将原联邦食品、农业和林业部改组为联邦食品、农业和消费者保护部（BMELV），下设联邦消费者保护与食品局（BVL）和联邦风险评估研究所（BFR）两个新机构，来加强粮食等各类食品的安全保障。在德国开设牧场，必须获得德国农业部、欧盟农业部等权威机构的认证证书，未获通过的，则不允许开设牧场，更不允许其产品进行销售。德国联邦农业部制定的奶源标准会以法律的形式来公布，各州必须严格执行。同时，德国联邦农业部的人员每两周会定期监察牧场是否达到了欧盟的规定，监察内容包括卫生状况、生产设备、牧场环境等数十项检查内容。

　　我国的新食品安全法规定：国务院食品药品监督管理部门依照本法和国务院规定的职责，对食品生产经营活动实施监督管理，原由质量技术监督、工商、食品药品监管等部门分别承担的食品生产、流通、餐饮分段监管职能，逐步调整为由食品药品监管部门统一监管；将食用农产品的销售活动纳入食品安全法调整范围，由食品药品监管部门统一监管；县级人民政府食品药品监管部门可以在乡镇或者特定区域设立食品药品监管派出机构，将监管服务延伸到乡镇街道等基层，等等。另外，我国还十分重视食品药品安全的社会监督。《中华人民共和国食品安全法》规定：县级以上人民政府食品药品监督管理、质量监督等部门应当公布本部门的电子邮件地址或者电话，接受咨询、投诉、举报。有权处理的部门应当在法定期限内及时处理，不得推诿。对查证属实的举报，给予举报人奖励。国家食品药品监督管理总局统一全国食品药品举报电话为12331。

食品药品安全的监管，是政府的一项重要职能，也体现了政府治理的水平。监管好食品药品，不但可以维护社会安定，同时也可以给政府带来更多的社会支持，提高政府治理能力。

3.必要的道德自律

食品药品安全的本质属性应该包括两个方面：自然属性和社会属性。自然属性是食品药品内在的科学和技术方面的要求，是物质属性的因素。社会属性则是食品药品外在的人为因素对其质量安全的影响，是人的因素。由于食品药品最终是由人来生产和销售的，因此"人"最终决定了食品药品的安全与否。因此，维护食品药品安全，除了制定生产标准，颁布法律法规，加强监督检查以外，还要加强食品药品行业自律，提高从业人员的道德素质，使他们能够自觉维护食品药品安全。

信任，是国家的食品药品安全体系的基础。在欧洲，主要食品零售商（如超市）对出售优质安全的产品态度认真，在良好的环境和道德条件下发展起来，其证据是它们实行了自己的 EU-REPGAP（欧洲零售伙伴关系）计划。这个计划是一个供应链伙伴关系，关注农业生产过程中的安全问题，其中包括食品供应链中的食品供应商和零售商，它的主要功能在于填补现有的食品安全网络的漏洞。德国法律特别规定食品企业在遇到有人向其推销不安全或不可食用商品的情况下，必须履行报告义务。法规还详细列举了如何保护那些将企业异常情况向外报告的企业职工的措施。根据美国农业部的调查，美国企业每年大约都会扔掉价值910 亿美元的食物，其中很大一部分是由于过了保质期，即使法律没有要求他们必须这么做，因为，他们知道，产品信誉和顾客信任才是最宝贵的财富。

随着生活水平不断提高，食品药品安全已成为民众的强烈愿望、成为政府保障和改善民生的重要任务。2014 年 10 月 25 日，第六届全球化时代犯罪与刑法国际论坛在北京开幕。与会专家认为，世界各地伪劣食品药品犯罪存在着普遍的、密切程度不同的联系，从而形成一个全球性的犯罪网络。专家呼吁各国共同努力，建立预防与控制全球性伪劣食品药品犯罪的全球法律基础，尽快缔结一项关于预防和控制伪劣食品药品犯罪的全面的国际公约。据悉，2014 年国际刑警组织组织了跨三个大洲的行动，查获了 1200 吨假冒伪劣食品，其中包括巧克力和地沟油。而在药品领域，调查发现网上销售的药品约 10％为假药，其中 20％具有高度风险，会导致一系列的健康损害，甚至死亡。在这种情况下，如何加强食品药品行业监管和自律，成为一个重要课题。

今后，我们要切实提高农产品质量安全水平，以更大力度抓好农产品质量安全，完善农产品质量安全监管体系，把确保质量安全作为农业转方式、调结构的关键环节，让人民群众吃得安全放心。要切实加强食品药品安全监管，严把从农田到餐桌的每一道防线，使食品药品安全成为维护社会和谐稳定的重要基础。

后 记

众所周知，到 2020 年全面建成小康社会，是我们党确定的"两个一百年"奋斗目标的第一个百年奋斗目标。党的十八届五中全会强调，我国发展仍处于可以大有作为的重要战略机遇期，也面临诸多矛盾叠加、风险隐患增多的严峻挑战。我们要准确把握战略机遇期内涵的深刻变化，更加有效地应对各种风险和挑战，继续集中力量把自己的事情办好，不断开拓发展新境界。

2016 年是一个重要年份，它既是全面建成小康社会决胜阶段"十三五"规划的开局之年，也是推进结构性改革的攻坚之年。这一年的任务繁重、艰巨、伟大而光荣。认真贯彻落实《中共中央关于制定国民经济和社会发展第十三个五年规划的建议》精神，努力完成 2016 年《政府工作报告》提出的各项目标任务，为实现全面建成小康社会的宏伟目标而奋斗，是全体人民的共同任务。我们希望这本《2016 政策热点面对面》能为此做出一点贡献。

本书的写作分工如下：第二章，辛向阳；第一、三章，曾宪奎；第四、五章，刘须宽；第六、七章，梁孝；第八、九章，陈建波。最后由辛向阳统稿。国务院研究室及中国言实出版社的有关同志参加本书编校工作，在此一并表示感谢。欢迎读者批评指正。

辛向阳

2016 年 3 月